Déjeuners avec les talibans

Déjeuners avec les talibans

Révélations d'un diplomate

Jean-Yves Berthault

Saint-Simon

7-9, rue du Bouloi – 75001 Paris
www.editions-saintsimon.fr

Mais alors, qu'allons-nous faire sans les Barbares ?
Ces gens étaient une manière de solution.

Constantin Cavafy, En attendant les barbares, 1904.

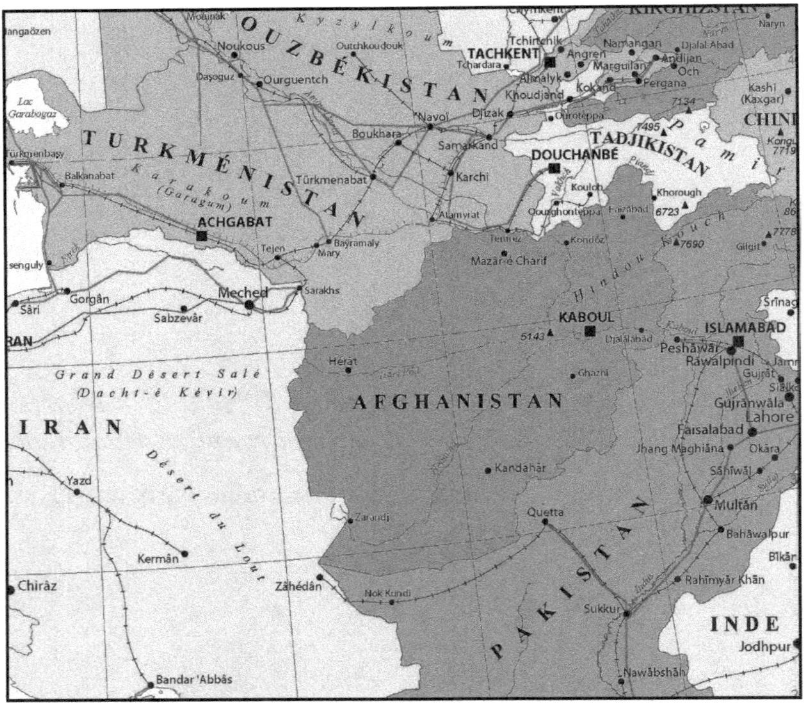

L'Afghanistan, 2021
Carte du ministère des Affaires étrangères, Paris.

Avant-Propos

4 janvier 1842, les Anglais évacuent l'Afghanistan

Ils avaient envahi le pays en 1839 (première guerre anglo-afghane), dans l'intention de contrer l'influence russe grandissante en Asie centrale, de déposer l'émir Dost Mohammed, qui leur était hostile, et de sécuriser la frontière Nord-Ouest de leur *Raj**. Mais cette occupation avait rencontré une vive résistance populaire, qui aboutit le 2 novembre 1841 au massacre du représentant britannique et des membres de sa mission. Aussi le gouvernement de la reine décida-t-il d'évacuer la capitale afghane et de rejoindre Peshawar, alors ville de garnison britannique aux frontières de l'Empire. Une colonne de 16 500 personnes, dont 4 500 soldats, des auxiliaires afghans et les familles des personnels britanniques, sera entièrement massacrée par les tribus pachtounes dans les défilés menant au *Raj*.

Apprenant la nouvelle, la reine Victoria s'écria, c'était bien le moins : « *We are not amused !* »

* *Raj*, nom de l'empire des Indes britanniques de 1858 à 1947, couvrant l'Inde et le Pakistan actuels.

Un rappel du passé pour éclairer la réalité d'aujourd'hui

Le retrait cette année, ou plutôt la retraite, de la coalition militaire vient de s'achever en cet été 2021 après vingt ans de guerre. Certes, elle ne se sera pas traduite par des massacres des soldats de l'Alliance dans les défilés de la passe de Khyber, mais le bilan est lourd. En pertes humaines (plus de 2000 soldats tués pour la seule armée américaine), et aussi financières, les États-Unis ayant dépensé 1000 milliards de dollars pour un conflit qui n'aura véritablement atteint aucun de ses objectifs. Ce faisant, ils ont reproduit comme une malédiction le schéma d'une autre retraite des temps modernes, celle des Soviétiques en 1989, de sorte qu'ils sont partis en laissant les talibans aux portes de Kaboul et un pouvoir quasiment livré à lui-même, comme l'avait fait Moscou en dotant le gouvernement communiste de moyens militaires insuffisants à contenir la pression des *moudjahidin*.

Un retour sur l'histoire du pays s'impose pour comprendre ce qui paraît être une fatalité afghane.

Cela avait commencé en 329 avec Alexandre le Grand, qui parvint non sans mal à conquérir la Bactriane*, où s'était réfugié son ennemi perse Bessus, au prix de dizaines de milliers de pertes dans les rangs de son armée, prise au piège dans les hautes montagnes enneigées de l'Hindou-Kouch, avant que ce qui en restait ne connût l'épreuve de la soif dans sa route vers la Sogdiane**. Après tant de souffrances, les soldats survivants exigèrent de rentrer en Grèce, Alexandre périt à Babylone sur le chemin du retour, et son empire se disloqua aussitôt.

Dans les siècles qui suivirent, l'Afghanistan devint en revanche le point de départ de nouvelles conquêtes. Depuis ses fertiles vallées, la civilisation gréco-bouddhique qui succéda à l'épopée alexandrine s'épanouit dans tout le Nord des Indes, avec les royaumes gréco-bactriens***, puis kouchan****. Après l'invasion musulmane à la fin du VIIe siècle de notre ère, une idéologie

* Région historique entre les actuels Afghanistan, Tadjikistan et Ouzbékistan située entre les montagnes de l'Hindou-Kouch et le fleuve Amou-Daria.

** Région historique située entre les actuels Afghanistan, Tadjikistan et Ouzbékistan.

*** États hellénistiques fondés par des souverains grecs implantés en Asie centrale, centrés sur la Bactriane et la Sogdiane à partir du milieu du IIIe siècle avant notre ère.

**** Vaste empire entre le Ier et le IIIe siècle.

combattante conféra un nouvel élan aux Afghans, désormais animés de la foi du *djihad*, et ce fut au tour des Samanides, des Ghaznévides, des Ghorides, des Timourides, des Moghols (tous n'étant pas afghans, mais on connaît l'attachement de Babour, le fondateur de l'Empire moghol, à la ville de Kaboul). Certaines de ces dynasties construisirent dès le Moyen Âge de formidables empires, englobant souvent une grande partie de la Perse et des Indes, suscitant au XIIIe siècle l'appétit de Gengis Khan, qui dans certaines villes afghanes prospères ne laissa pas pierre sur pierre.

Au XIXe siècle, alors que la Perse cherchait à se ressaisir et les Britanniques à protéger leurs frontières indiennes, l'Afghanistan se trouvait presque dans ses frontières actuelles : entouré par la Chine à l'est, le *Raj* dans le sous-continent indien au sud, la Russie au nord et la Perse à l'ouest.

C'est alors que de nouveaux appétits étrangers allaient vérifier la véracité de l'héroïque légende afghane. L'Angleterre, soucieuse de contrer les visées de la Russie en direction de l'Asie centrale, et de barrer son objectif plus lointain d'accès aux « mers chaudes », voulut soumettre le pays.

La première guerre anglo-afghane, entre 1839 et 1842, se solda, on l'a vu, par l'anéantissement de la colonie britannique.

La seconde (1878-1880) fut elle aussi marquée par de terribles massacres de Britanniques. Les Anglais purent néanmoins obtenir, par le traité de Gandamak, en 1880, la conduite des relations internationales du pays, avant que la troisième guerre anglo-afghane (1919), menée par le roi Amanullah, ne se solde par le recouvrement d'une indépendance totale du pays. Après son règne, l'Afghanistan, par un jeu subtil d'équilibres entre belligérants, sut échapper aux affres de la Seconde Guerre mondiale aussi bien qu'il avait su tirer parti de la Première.

Au XXe siècle

Au XXe siècle, le pays était ainsi devenu un État tampon, dont la permanence était le gage même de la pérennisation du *statu quo* géopolitique de toute la sous-région. La création artificielle, à sa frontière sud, d'un nouveau pays, le Pakistan, arraché au *Raj* britannique en 1947, et fondé sur la seule considération de l'identité religieuse sans prendre en compte les invisibles frontières ethniques et culturelles, introduisit un nouveau facteur de déstabilisation pour l'Afghanistan. Le nouveau venu, ayant hérité avec sa « North-West Frontier Province* » d'une remuante population pachtoune**, cherchait par tous les moyens à contenir l'irrédentisme pachtoune de son voisin afghan. De fait, le Pakistan se comporta toujours en successeur du *Raj*, en recourant constamment à l'encontre de son voisin afghan aux bonnes vieilles méthodes héritées des Britanniques : diviser pour régner.

La Guerre froide acheva de sonner pour l'Afghanistan le glas de ces décennies de repli sur soi.

À partir des années 1960, la Russie n'eut de cesse de pousser ses pions et d'accroître son influence. Elle soutint en 1973 la révolution de palais qui porta au pouvoir Daoud Khan, un cousin du roi Zaher***, qui proclama la République.

Or Daoud, qui s'efforçait de poursuivre l'exercice de balancier entre Est et Ouest instauré par son prédécesseur, finit par déplaire à Moscou, qui soutint un premier coup d'État sanglant en avril 1978, porté par Nour Taraki****, membre du parti communiste. Ses exactions de type stalinien engendrèrent aussitôt une vive résistance populaire et la perte de contrôle progressive du pays par l'État central. Un nouveau coup d'État, fomenté l'année suivante par Hafizullah Amin*****, le bras droit de Taraki, sans l'assentiment de Moscou, se traduisit par une volonté d'indépendance vis-à-vis de l'URSS, et surtout par la montée d'une résistance populaire nourrie par une forte répression.

La rébellion commençait désormais à s'exprimer au nom de l'islam. Les Russes, désarçonnés comme le reste du monde occidental par la

* North-West Frontier Province ou NWFP : une des quatre provinces du Pakistan au nord-ouest du pays, aujourd'hui la province Khyber Pakhtunkhwa (capitale Peshawar).

** Les Pachtounes parlent une langue iranienne et vivent principalement au Pakistan et en Afghanistan.

*** Mohammad Zaher Shah (1914-2007) : dernier roi d'Afghanistan de 1933 à 1973. Pachtoune sunnite, il appartenait à la dynastie Mohammadzaï.

**** Nour Mohammad Taraki (1917-1979) : président du Conseil révolutionnaire de la République démocratique d'Afghanistan, le régime communiste afghan, du 30 avril 1978 au 14 septembre 1979.

***** Hafizullah Amin (1929-1979) : deuxième président du Conseil révolutionnaire de la République démocratique d'Afghanistan de septembre 1979 à sa mort au mois de décembre de la même année.

révolution islamique en Iran, ne pouvaient tolérer la survenue d'une idéologie si opposée à leurs objectifs d'éradication religieuse à proximité des républiques soviétiques d'Asie centrale.

Ils envahirent donc l'Afghanistan en décembre 1979, en plaçant à sa tête un communiste afghan, Babrak Karmal, peu connu en son pays. Ils pensaient pacifier le pays en deux temps trois mouvements, mais ils n'avaient pas lu leurs manuels d'histoire.

Ce fut aussitôt l'entrée en résistance de tout un pays ; les représailles les plus féroces n'y firent rien, les rebelles étaient devenus des *moudjahidin**, et la révolte s'internationalisa très rapidement. Ces combattants inspiraient en effet l'admiration ou la compassion en Occident, qui se mobilisait en dépêchant des ONG, mais aussi la sollicitude des musulmans du monde entier. Les riches Arabes du Golfe apportaient dans les bases arrière de ces *moudjahidin*, surtout à la ville-frontière pakistanaise de Peshawar, des valises de billets de banque destinés à l'habitat des nombreux réfugiés, à leurs mosquées, à leurs écoles, et bientôt à leurs armements. Parmi tous ces étrangers grenouillant à Peshawar se trouvait un riche inconnu, qui au début apportait surtout de l'aide humanitaire à travers des ONG, un certain Oussama Ben Laden**.

L'Occident n'était pas en reste. Peshawar devint dès le début des années 1980 la ville au monde comptant le plus d'espions et de mercenaires au mètre carré. Peu à peu, le mouvement de résistance afghane se structura en 7 principaux partis politiques, que chaque puissance occidentale s'efforçait de pénétrer afin d'orienter des mouvements subversifs, perçus à juste titre comme d'opportuns instruments pour affaiblir l'URSS et la contraindre à déployer en Afghanistan des forces dont elle ne disposerait plus pour d'autres fronts.

Moscou ne pouvait plus dissimuler à sa population les milliers de morts et les dizaines de milliers de blessés qui affluaient. Le corps expéditionnaire soviétique, fort de 100 000 hommes en 1980, était passé à 150 000 en 1989 ! Le désir de mettre un terme à la Guerre froide et aux dépenses

* *Moudjahidin* : de l'arabe *moudjahid*, qui signifie « combattant ». Les *moudjahidin* sont ceux qui font la guerre sainte, le *djihad*, pour défendre l'islam.

** Oussama Ben Laden : né le 10 mars 1957 à Riyad (Arabie saoudite), mort le 2 mai 2011 à Abbottabad (Pakistan).

inouïes auxquelles Moscou devait faire face lui imposait par ailleurs un retrait, devenu inévitable en 1989 ; d'autant que pour mener à bien leur programme de refonte économique, la *Perestroïka*, les Soviétiques devaient dégager des moyens financiers. Ils pensaient ainsi donner à l'Occident un gage politique important, propre à enclencher une désescalade de la Guerre froide, tout en se débarrassant d'une « mauvaise guerre ». Aussi Gorbatchev prit-il en 1989 la courageuse décision de retirer ses troupes. Avant la retraite, Moscou remplaça Babrak Karmal par un camarade de confiance en la personne du « docteur » Najibullah, maintenant des conseillers militaires ainsi qu'une considérable dotation en armements pour faire face à la rébellion.

La résistance à l'occupation soviétique

Devant le vide politique ainsi créé, les sept partis *moudjahidin* de Peshawar, qu'animaient des aspirations idéologiques disparates, s'unifièrent en un front commun, pour poursuivre la lutte contre le régime communiste. La guerre n'épargna aucune région, et Kaboul devint le théâtre d'opérations incessantes visant à s'emparer du pouvoir central grâce à l'aide massive des pays occidentaux, du Pakistan et de divers pays du Golfe, qui voyaient là une opportunité en or pour complaire à Washington tout en œuvrant à la cause de l'*oumma**. Les *moudjahidin* s'étaient aussi emparés dans maintes régions d'armements considérables, confisqués lors d'affrontements victorieux contre l'armée régulière. Kaboul finit par être repris en avril 1992, les cadres communistes éliminés et massacrés. Le docteur Najibullah parvint pour sa part à se réfugier dans un bâtiment des Nations unies, dont le nouveau pouvoir respecta l'immunité jusqu'à l'arrivée des talibans**.

Le pouvoir intérimaire, une fois installé à Kaboul, fut confié à Sibghatullah Mojaddedi***, fondateur d'un des sept partis *moudjahidin*, le

* *Oumma* (ou *ummat*) : communauté des croyants musulmans, indépendamment de leur nationalité, de leurs liens sanguins et des pouvoirs politiques qui les gouvernent.
** *Taliban* (ou *tâlebân*) : mot persan dérivé de l'arabe *taleb*, qui signifie « étudiant ».
*** Sibghatullah Mojaddedi (1926-2019) : nommé président du gouvernement afghan islamique par intérim en février 1989, il le restera jusqu'en 1992.

Front afghan de libération nationale, alors que le commandant Massoud, l'un des principaux dirigeants du Jamiat islami*, était nommé ministre de la Défense. Tensions et rivalités apparaissent aussitôt et Mojaddedi est remplacé quelques mois plus tard par Burhanuddine Rabbani, soutenu par Massoud, qui ne résiste pas davantage aux tensions centripètes : des combats éclatent entre les forces du commandant Sayyaf, chef du Ittehad al Islami, et celles du général du Wahdat (regroupement de plusieurs partis politiques chiites), séide du président Mojaddedi pour le contrôle de la Sécurité nationale. Cette coalition hétéroclite de partis *moudjahidin*, impuissante à concevoir une conduite des affaires au bénéfice de la nation, obéit au contraire à la logique tribale de chacune de ses composantes. Et après quelques mois, malgré sa promesse de renouveau radieux et la garantie de « vraie religion » de son appellation d'« État islamique d'Afghanistan », le nouveau régime vole en éclats. Dès août 1992, la guerre civile fait à nouveau rage, cette fois entre factions se réclamant toutes d'Allah. À leur décharge, elles n'étaient plus que des marionnettes dirigées par les mains invisibles de l'ingérence étrangère.

La guerre atteint son paroxysme cette même année 1992 lorsque le commandant Massoud obtient que Gulbuddin Hekmatyar, chef du Hezb-e-Islami, une émanation du Pakistan et des États-Unis, soit écarté du pouvoir ; Kaboul devint le théâtre impuissant d'une confrontation sanglante entre les forces de Massoud et celles d'Hekmatyar. Ces actions meurtrières, sans compter celles de l'artillerie de Massoud contre certains quartiers chiites, laisseraient pour les décennies à venir une capitale meurtrie par des bombardements dont les ruines évoquent les meurtrissures de Dresde en 1945 ou de Beyrouth après la guerre civile libanaise. Ces combats portèrent un coup sévère à l'aura singulière que Massoud avait acquise durant sa résistance héroïque à l'envahisseur soviétique et à ses clients communistes.

* Jamiat islami (en persan « Société islamique »), le plus ancien parti politique islamiste afghan, l'un des acteurs majeurs de la résistance contre les Soviétiques lors de la première guerre d'Afghanistan, puis de la lutte anticommuniste lors de la guerre civile consécutive au retrait de l'armée Rouge.

L'apparition des talibans

Dans ce contexte, la population afghane ne pouvait être qu'ulcérée par les excès et la corruption des *moudjahidin*, qui avaient perdu toute crédibilité politique et se comportaient vis-à-vis de la population en bandits de grand chemin. C'est ainsi que, *deus ex machina,* les talibans firent leur première apparition en 1994 à Kandahar. Un jeune mollah pachtoune inconnu et ancien combattant contre les forces soviétiques, Mohammed Omar, y enseigne dans une *madrassa** et convainc une cinquantaine de jeunes gens de le rejoindre pour rétablir l'ordre en Afghanistan au nom d'Allah. En quelques semaines, des centaines d'élèves des *madrassa* de la région affluent en bandes armées, de sorte qu'à partir de 1995, elles deviennent une force capable de s'emparer de tout le Sud-Ouest du pays, puis de grossir en déferlante sur le Sud-Est pachtoune, ralliant à leur cause des éléments disparates, dont nombre d'anciens *moudjahidin* déçus par le cours des événements sous l'État islamique, des déserteurs de l'armée régulière et des opportunistes de tout poil. Le prestige d'appartenir à « l'armée de Dieu » parachève ce marketing idéal.

L'appui de l'armée du Pakistan et de l'ISI (son redoutable service de renseignement) s'avère déterminant pour l'enrôlement des forces nécessaires à la conquête, car les *madrassa* pakistanaises offrent un réservoir inépuisable, et les armements ne manquent pas dans les surplus de son armée. Ses généraux se désespèrent en effet de la coalition gouvernementale à Kaboul, dont ils ne parviennent pas à manipuler suffisamment d'éléments. C'est ainsi que dès 1995, ils prennent en marche ce nouveau train, pensant n'avoir rien à perdre face à la décomposition du régime de Kaboul, où leur influence reste fragile. Benazir Bhutto, Premier ministre du Pakistan (jusqu'en 1996), n'a aucune sympathie pour les talibans, mais elle laisse faire la toute-puissante ISI – et ses successeurs feront de même. La capitale afghane finira par tomber en octobre 1996, et les talibans proclament aussitôt l'Émirat islamique d'Afghanistan (1996-2001).

La guerre civile se poursuit, cette fois entre talibans et certains des partis de Peshawar, requalifiés d'Alliance du Nord. Massoud règne sur

* *Madrassa* : école coranique.

la vallée du Panchir et sur une bonne partie du Nord-Est, Dostom sur la riche région de Mazaar-e-Sharif au nord, Ismail Khan sur celle d'Herat au nord-ouest, et deux rivaux chiites se partagent la région montagneuse du Centre, l'Hazaradjat, à savoir Khalili et Mohaqeq. Cette nouvelle coalition est présidée sur le papier par Rabbani, qui avait dirigé le gouvernement de Kaboul lors du premier gouvernement des *moudjahidin*, et dont Massoud avait été le ministre de la Défense.

Les talibans avaient accepté d'accueillir Ben Laden sur le sol afghan dès la fin de 1996. À l'époque de la résistance afghane contre l'ennemi soviétique, il avait, comme on l'a vu, d'abord déversé des flots d'argent par l'intermédiaire de son ONG, puis il avait orienté cette aide, à l'instar de nombreux États arabes du Golfe, vers la lutte militaire, devenant lui-même un combattant *moudjahid*. Par la suite installé au Soudan, Ben Laden y avait mené des activités subversives qui lui valurent d'en être expulsé ; il n'avait nulle part où se réfugier, si bien qu'eu égard à son passé de *moudjahid*, les talibans crurent devoir lui accorder l'asile, à la condition expresse qu'il ne se livrerait pas à des activités militaires et qu'il garderait un profil bas. Aussi n'en entendit-on guère parler, sur le théâtre afghan, jusqu'en 1998. Cette année-là le régime taleb connaissait des difficultés sur le terrain militaire et commençait à avoir du mal à recruter en raison de ses pertes humaines. Aussi Ben Laden se sentit-il plus libre de ses mouvements et de ses actions terroristes et ce furent en août 1998 les épouvantables attentats contre les ambassades américaines en Tanzanie et au Kenya.

Si ces actions terroristes engendrèrent de vifs reproches de la part des hautes autorités de l'Émirat islamique, qui dut essuyer en représailles des tirs de missiles américains sur son sol, et si Ben Laden fit de nouveau profil bas dans les deux années qui suivirent, il avait su se rendre indispensable au régime en finançant le recrutement de bandes armées qui venaient combler le déficit en hommes dont souffraient de manière chronique les milices de l'Émirat islamique.

L'adoption de sanctions contre le régime taleb, d'abord décrétées par les États-Unis en 1998, puis par les Nations unies en 1999 et 2000, allait finalement renforcer la position de Ben Laden en Afghanistan, en faisant triompher au sein du mouvement sa tendance la plus radicale au détriment de celle, plus modérée, qui avait sans cesse œuvré à faire reconnaître le régime par la communauté internationale.

La chute des talibans

Au lendemain des attentats du 11 septembre 2001, orchestrés par Ben Laden sans la participation du gouvernement afghan, ce dernier commit l'erreur fatale de refuser de remettre son hôte terroriste aux Américains, livrant ainsi l'Afghanistan aux représailles militaires et à l'effondrement du régime taleb en l'espace de quelques semaines. Ce refus était motivé par le *pachtounwali*, le code de l'honneur pachtoune, qui interdit de livrer un hôte à son ennemi.

Cependant les talibans, à l'exception de leurs chefs capturés par les Américains et envoyés à Guantanamo, s'éparpillèrent au sein de la société afghane, se bornant à enlever leurs turbans noirs. Hamid Karzaï * fut nommé président intérimaire dès décembre 2001. Et ce n'est qu'en 2004 qu'un scrutin populaire le confirma à la tête de l'État. Il était résolu à tout faire pour redresser le pays et il en avait assurément les capacités, mais les Américains, qui l'avaient pourtant mis au pouvoir, l'en empêchèrent et lui imposèrent de gouverner avec les anciens chefs de guerre *moudjahidin*, dont la corruption et la mauvaise conduite avaient précisément fait le lit des talibans.

Ce qui devait arriver se produisit donc : les sommes d'argent prodigieuses déversées en Afghanistan par la communauté internationale pour la reconstruction du pays et les prébendes liés à la présence d'importantes forces d'occupation engendrèrent une corruption généralisée et sans précédent. Le peuple resta dans sa misère et le mécontentement populaire continua de susciter l'opposition et de grossir les rangs des talibans. L'élection en 2014 d'un nouveau président, M. Ashraf Ghani, pour succéder à Karzaï, au pouvoir depuis 14 ans, reçut la bénédiction des Américains, qui préféraient se persuader que son prédécesseur n'avait pas

* Hamid Karzaï (né en 1951) : président de la République islamique d'Afghanistan entre 2001 et 2014.

su manœuvrer. L'arrivée à la présidence de cet ancien technocrate de la Banque mondiale ne changea rien à l'équation, pas plus que la prétention démesurée d'Abdullah Abdullah, l'ancien responsable de la diplomatie d'Ahmed Shah Massoud, d'être associé au pouvoir en contestant les résultats électoraux. L'opposition au régime ne fit que croître au rythme de la corruption du gouvernement.

Dans ce contexte, le président Barack Obama décida de retirer progressivement le plus gros de ses troupes (les soldats de la Force internationale d'assistance et de sécurité, ou FIAS, passèrent de 150 000 en 2002 à 58 000 soldats en janvier 2014), renforçant les capacités de l'armée afghane, les Américains reproduisant la stratégie adoptée par les Soviétiques à la fin des années 1980.

Mais Donald Trump voulut en 2020 aller plus vite et plus loin, désireux de s'assurer une nouvelle « victoire » diplomatique propre à conforter sa réputation de « président de la paix » dans la perspective de sa réélection.

Des accords de paix furent donc signés au Qatar le 29 février 2020 par les talibans, conduits par le maulana* Abdul Hakim, négociateur du chef spirituel des talibans, le maulana Haibatullah Akundzada (lequel avait été nommé à cette position après la mort du mollah Mansour, tué en 2016), mais surtout par le mollah Baradar, véritable chef politique de cette délégation. Les États-Unis étaient incarnés par Zalmay Khalilzad, ex-ambassadeur américain à Kaboul et envoyé spécial de Donald Trump. Ces accords, qui entendaient mettre un point d'orgue aux quelque vingt années d'engagement militaire américain en Afghanistan, ont été le prélude, après six mois d'intenses tractations, à la consultation d'une assemblée tribale, la *loya jirga***, à la libération préalable de 4 600 prisonniers détenus par les autorités afghanes et de 1 000 autres retenus par les talibans, et à l'établissement d'un dialogue direct entre ces derniers et le gouvernement afghan, qui prit forme lors d'une nouvelle rencontre à Doha le 12 septembre 2020.

* *Maulana* : érudit musulman.

** *Loya jirga* : assemblée convoquée afin de prendre par consensus les grandes décisions concernant le peuple afghan, et depuis 2004 pour les réunions de l'Assemblée nationale. Au 31 mars 2002, la *loya jirga* comptait 1 551 membres, dont 160 sièges réservés aux femmes.

Un retrait précipité après une guerre sans fin

Son successeur, Joe Biden, infirma d'abord cette approche pour un retour à la paix civile en Afghanistan en déclarant caduc l'accord US-talibans de février 2020. Il opéra toutefois un revirement complet au printemps 2021, confirmant le retrait annoncé par son prédécesseur, retardé de quelques mois, soit au plus tard début septembre 2021, pour le vingtième anniversaire des attaques du 11 Septembre. Il était en effet devenu impossible, alors que les préparatifs de retrait avaient été gelés depuis l'élection de novembre, de la mener techniquement à bien dans les temps. Le Pentagone, dont on sait qu'il avait fortement désapprouvé cette initiative du président Trump, s'était en effet employé dans les premiers mois de 2021 à tout faire pour en retarder et en contrarier l'application, avant de finalement s'y résigner et de mettre les bouchées doubles.

Cette décision américaine de retrait a été insuffisamment concertée avec les alliés, ce qui en dit long sur la façon dont on considère et traite les alliés à Washington. 9600 soldats étrangers étaient encore stationnés en Afghanistan au printemps 2021, et les États-Unis ont géré le dossier comme si leurs 2500 soldats avaient été l'unique force étrangère dans le pays.

On ne sait pas encore si les pourparlers entre les talibans et le gouvernement démocratiquement élu seront suivis d'effets.

À la fin de l'été 2021, les talibans sont aux portes du pouvoir, mais ils se bornent à proclamer qu'ils ne cherchent qu'à fonder un gouvernement sur la loi coranique, alors que la constitution de l'actuel État islamique d'Afghanistan se donne précisément de telles bases... Les talibans ont toutefois déclaré à plusieurs reprises qu'ils ne se considéraient plus liés par leur engagement de partager le pouvoir avec le gouvernement d'Ashraf Ghani*, dans la mesure où les accords de Doha garantis par les États-Unis stipulaient leur retrait en mai et où cette date butoir, reportée au 4 juillet puis au 11 septembre, n'avait pas été respectée. De fait, le commandement en chef

* Ashraf Ghani Ahmadzai (né en 1949) : quatorzième président de la République islamique d'Afghanistan depuis le 20 septembre 2014.

américain a finalement quitté le territoire le 11 juillet, et les ambassades ont commencé à fermer les unes après les autres.

Sur le terrain militaire, l'année 2021 est marquée par une forte recrudescence de la confrontation militaire, les talibans profitant du vide occasionné par la transition politique à Washington pour infliger des pertes considérables aux forces gouvernementales, multipliant les actions terroristes sans s'engager dans des batailles perdues d'avance en raison de l'appui aérien des Américains. Ils contrôlaient à l'été 2021 la plus grande partie du territoire national et les axes routiers, encerclant la plupart des grandes villes du pays. La perspective d'un retour aux affaires des talibans est donc devenue plus que vraisemblable. La vraie question qui se pose est de savoir s'ils accepteront de se plier aux injonctions américaines d'un partage du pouvoir avec l'actuel gouvernement, ou s'ils entendront l'exercer seuls.

On a pu constater lors de la réunion de mars 2021, ayant réuni à Moscou des talibans et des membres du gouvernement afghan sous la double égide des Russes et des Américains, que les Américains ne montraient aucun signe de concertation avec le gouvernement afghan, ne lui faisant connaître qu'au dernier moment l'agenda des discussions et des propositions fondées sur la composition d'un gouvernement intérimaire avec la participation des talibans. En un mot, la posture des représentants des empires de l'Antiquité avec leurs satrapes des frontières.

Le retour prévisible des talibans m'a incité à livrer mon témoignage

Le retour programmé des talibans sur le devant de la scène après leur éclipse par la République islamique m'a incité à écrire ce livre. J'ai en effet servi en Afghanistan à plusieurs périodes cruciales de l'histoire de ce pays en tant que diplomate. Témoin de la décomposition progressive du régime communiste lorsque j'étais jeune secrétaire d'ambassade à Kaboul, j'avais vu débarquer les chars soviétiques ; je fus le premier étranger à apprendre l'imminence de l'invasion soviétique trois mois avant cet événement majeur, une information partagée avec les seuls Américains, ce qui n'avait pas encore été révélé. C'est là une information capitale, car elle indique que Washington et Paris, connaissant l'imminence de l'invasion soviétique, n'ont rien fait pour l'empêcher, conscients des répercussions négatives que cet événement allait avoir pour l'URSS.

Quinze ans plus tard, alors que la capitale afghane venait d'être prise par les talibans, je fus appelé à diriger cette ambassade où j'avais commencé ma carrière. Je me suis ainsi trouvé être l'interlocuteur le plus fréquent de leur appareil d'État, pour la simple raison que la France était le seul pays occidental à avoir conservé une ambassade à Kaboul après leur accession au pouvoir. Il me paraît également important de révéler comment il m'a été possible, tout en assurant la charge de l'ambassade, de travailler activement à un nouveau projet de rassemblement national, entrepris précédemment lors de mon passage à l'UNSMA (Mission spéciale des Nations unies pour l'Afghanistan), en y associant étroitement l'ancien roi Zaher, et comment, pour y parvenir, j'ai fait émerger Hamid Karzaï.

Vingt ans plus tard, il me semble que mon témoignage permettra de mettre en perspective quelques idées reçues sur ce pays compliqué. Il m'a paru utile de relater les prémices de la révolte populaire afghane dont j'avais également été le témoin depuis l'ambassade de France dès le début des années 1980, car c'est à cette période que remontent les *moudjahidin*, et on ne saurait comprendre les talibans sans la dimension des événements antérieurs, qui en ont en quelque sorte été le creuset.

Les talibans que j'ai rencontrés et que je décris sont les mêmes que ceux qui vont certainement prendre le pouvoir. Ils restent animés par la même idéologie et par la même conception du monde, mais ils ont sans doute appris beaucoup : la société afghane, vingt ans après le 11 Septembre, n'est plus du tout la même, et il existe des lignes rouges, en particulier en matière de Droits de l'homme et de condition féminine, dont ni elle ni l'opinion internationale ne sauraient tolérer le franchissement. Des déclarations qu'ils ont faites ces derniers mois, il ressort qu'ils sont pleinement conscients de cette évolution. Depuis leur chute, la population afghane, en tout cas celle des villes, a en effet davantage changé qu'elle ne l'avait fait depuis des siècles.

Tout d'abord, elle a connu une démocratie (bien qu'imparfaite), ce qui ne lui était jamais arrivé.

Par ailleurs, une presse libre, indépendante, plurielle et souvent critique à l'endroit du pouvoir a émergé, proposant à l'opinion plus d'une centaine de médias de toute sorte, radios, chaînes de télévision d'État ou privées, quotidiens, hebdomadaires. Fin juin 2021, une délégation de la presse afghane a demandé à être reçue par les talibans pour évoquer l'avenir. Ces derniers se sont déclarés en faveur de la pérennité d'une presse indépendante, à condition qu'elle soit respectueuse des enseignements du Coran. Les journalistes afghans ayant décidé, sans en informer leurs interlocuteurs, de placer une femme à la tête de leur délégation, les talibans n'ont manifesté aucune réprobation à sa vue, s'excusant auprès d'elle de n'avoir prévu comme présents aux membres de la délégation que des parfums pour homme, et exprimant l'espoir de la revoir lors d'un entretien ultérieur afin de réparer ce manquement. Ce geste paraît marquer, sinon une évolution réelle de leur vision de la société, en tout cas le souci notable de donner le change.

Les talibans n'ignorent pas, en effet, que la question du statut de la femme, qui avait constitué le socle de la détestation de l'Occident à leur égard, sera centrale pour que leur retour au pouvoir se fasse sans entraîner une guerre civile, une mise au ban de la communauté internationale, des sanctions, voire de nouvelles représailles étrangères. Depuis leur effondrement il y a 20 ans, la condition féminine, si elle n'a guère évolué dans les campagnes, a connu en revanche des progrès considérables dans les villes, où vit aujourd'hui plus de la moitié d'une population d'environ 37 millions d'habitants (dont la moitié ont moins de vingt ans). Ces femmes ont étudié, elles entendent travailler, et certaines d'entre elles veulent pouvoir choisir leur mari, audace autrefois impensable. La société a changé à tel point que son évolution n'a pas épargné les plus fondamentalistes. Un de mes interlocuteurs m'a ainsi rapporté que tout récemment, un père de famille de province sympathisant des talibans lui avait demandé conseil pour inscrire l'une de ses filles dans une université de Kaboul, alors qu'il y a 20 ans, il n'aurait pas été question que ses filles aillent à l'école.

Une partie appréciable des 5 millions de Kaboulis sont en partie branchés sur Internet, regardent des films étrangers et écoutent de la musique occidentale. Les jeunes gens des deux sexes se fréquentent dans des lieux publics, à l'université, au restaurant. Les talibans savent qu'ils ne pourront pas restaurer l'ordre absurde qu'ils avaient imposé alors sans se heurter à une violente opposition populaire.

La délégation des talibans qui discute à Doha depuis 2020, dont la tête pensante est le mollah Baradar Akhund (vice-ministre de la Défense à l'époque de leur Émirat islamique), secondé par Abbas Stanikzai (ancien vice-ministre des Affaires étrangères), a par ailleurs été traitée de façon princière par le gouvernement du Qatar, qui a mis de belles résidences à leur disposition et à celle de leurs familles. Ils goûtent ainsi depuis plus d'un an à une vie de luxe qui tranche avec l'austérité qu'ils avaient toujours connue. Les talibans des années 1990, à l'exception de quelques-uns qui s'étaient adonnés à la contrebande de drogue, sont sortis de Kaboul aussi misérables qu'ils y étaient entrés. De fait, comme les autres Afghans, ils ont été témoins de l'enrichissement personnel extraordinaire des élites afghanes au pouvoir depuis 20 ans, et nombre d'observateurs estiment que la plupart de leurs responsables sont désormais davantage tentés de faire fortune, à l'exemple de leurs prédécesseurs que de s'attirer les foudres de la communauté internationale en s'arc-boutant sur leurs anciennes marottes fondamentalistes. À Kaboul, on veut se rassurer en estimant qu'une fois au pouvoir, ils mettront « un peu de vin dans leur eau » et qu'ils se montreront prudents sur les questions touchant à l'ordre social, de façon à ne pas compromettre leur maintien au pouvoir. Ils demeurent par ailleurs, et plus que jamais, avides de reconnaissance internationale. Mais pour se la ménager, ils devront en payer le tribut, comme le font les pays du Golfe dotés d'une idéologie similaire.

Pour l'avenir, les Américains comptent sur l'influence du Qatar et sur les moyens sonnants et trébuchants de sa diplomatie, et c'est sans doute l'une des raisons pour lesquelles ils ont pesé de tout leur poids pour convaincre l'Arabie saoudite de modérer sa politique vindicative à l'égard de ce petit pays doté d'une diplomatie efficace et inventive. Ils répètent à l'envi qu'ils continueront à prodiguer leur assistance au gouvernement afghan, en particulier par la poursuite d'une aide financière considérable.

Ce dernier s'est particulièrement affolé depuis les offensives menées par les talibans à la faveur de l'été, les principales villes afghanes étant quasiment assiégées, et les talibans s'étant déjà emparés de 75 % du pays. Une question a beaucoup agité les chancelleries tout au long de l'année 2021 : les talibans vont-ils respecter l'immunité diplomatique des ambassades occidentales à Kaboul, et en particulier celles des pays qui ont participé à la coalition ? Et *quid* des personnels afghans au service des forces alliées et de leurs ambassades ? L'annonce par la France de la délivrance de centaines de visas aux Afghans ayant travaillé pour elle (et à leurs familles), suivie par l'annonce du rapatriement de l'ensemble de la communauté française par avion le 18 juillet 2021, a constitué un signal de sauve-qui-peut propre à démoraliser les élites occidentalisées, suscitant aussitôt une débandade, y compris dans la sphère diplomatique, certaines ambassades ayant annoncé leur fermeture pure et simple, de nombreuses autres préparant activement la diminution de leurs effectifs.

Il faut dire que la situation en Afghanistan, dans les derniers mois ayant précédé le retrait des troupes alliées, tranche singulièrement avec le discours lénifiant que les talibans tenaient dans le même temps à la presse ou aux chancelleries : il ne se passe pas de semaine sans assassinat de personnalités modérées, visant des femmes en vue, des journalistes, des universitaires, des militants des Droits de l'homme. Plusieurs Afghans ayant travaillé pour des pays de la coalition ont été abattus, parfois même de simples cuisiniers, démentant ainsi les déclarations du mollah Baradar qui exhortait récemment les jeunes Afghans à rester au pays : « Les droits des minorités et de tous les citoyens seront garantis et un environnement sûr sera réservé aux ONG et aux diplomates. » Une telle contradiction entre les déclarations officielles et les faits laisse à penser que le mouvement se serait doté d'une aimable façade recouvrant une réalité bien plus sombre. De fait, les talibans restent profondément divisés (autant d'Afghans, autant de partis politiques !). Et il ne semble pas que les mollahs négociant au Qatar détiennent à ce stade de l'insurrection un véritable contrôle de leur base.

Les groupes armés talibans représentent désormais quelque 60 000 hommes, après les bombardements ciblés de la coalition et les pertes considérables infligées par l'armée afghane depuis le début de l'année 2021. En face, les forces gouvernementales, dont les autorités prétendent qu'elles compteraient plus de 200 000 soldats, n'atteindraient pas en réalité les 100 000, après les pertes dues aux actions terroristes et au phénomène de désertion aggravé par l'atmosphère de déroute qui a caractérisé le pays tout entier à l'annonce du retrait précipité des forces de l'OTAN. Toutefois, ce chiffre comprend un certain nombre de troupes d'élite (environ 25 000 soldats), motivées, et excellemment formées par la coalition, à ceci près qu'elles l'ont été en suivant les méthodes d'instruction de l'armée américaine, que certains observateurs militaires estiment insuffisamment adaptées à la guérilla telle que pratiquée par les talibans.

Les Américains, en se retirant, ont naturellement doté le gouvernement afghan de tous les moyens possibles pour faire face à l'insurrection. L'ambassadeur des États-Unis vient de confirmer que 3,5 milliards de dollars allaient être déversés pour la sécurité (sans compter les 500 millions d'aide au développement). D'énormes quantités de matériels militaires de toute sorte ont été laissées à l'armée afghane, y compris des blindés légers, du matériel d'artillerie et des stocks de munitions. Mais l'aviation va faire défaut, et c'est là où le bât blesse, car la domination absolue des airs marquait la vraie supériorité de la coalition.

La sécurisation de l'aéroport de Kaboul a d'ailleurs permis à la Turquie de renouer le dialogue avec les États-Unis et l'OTAN lors d'un sommet avec Biden et Erdogan en juin 2021. Après les récentes frictions, la Turquie s'étant illustrée par son infidélité vis-à-vis de ses partenaires de l'Alliance (allant même jusqu'à commander des matériels militaires russes), elle s'est proposée comme garant de la sécurité de l'aéroport de Kaboul.

Quelle que soit l'absence apparente de cohésion dans les rangs talibans à ce stade de la guerre, il s'avère pourtant que le mollah Baradar jouit d'une indéniable influence, et que le moment venu, il aura sans doute les moyens de prendre du pouvoir.

Si les talibans devaient l'emporter, il semble qu'ils s'orienteraient plutôt vers un modèle de gouvernement collectif, selon le modèle cher aux Afghans de la *Choura* (Conseil). Le mollah Haibatullah, leur chef spirituel, n'est donc pas pressenti comme le prochain président. Baradar, comme de nombreux talibans, s'était réfugié au Pakistan après le 11 Septembre, d'où il coordonnait la lutte armée contre la coalition de l'OTAN. Il s'est rapidement imposé comme le *leader de facto* de l'opposition armée au sein de la *Choura* de Quetta, la capitale du Baloutchistan au Pakistan, tout en maintenant certains liens avec le gouvernement de Kaboul, dans la perspective d'éventuels pourparlers de paix. Mais il fut arrêté en 2010 par l'ISI, soucieuse de donner des gages aux Américains en prétendant servir la coalition en fidèle allié.

En fait les services pakistanais poursuivaient, avec leur habituelle duplicité, un objectif bien loin de servir les intérêts américains : neutraliser en le leur livrant un taliban ouvert au dialogue avec les autorités afghanes, de sorte à placer un de leurs propres pions. Il semble que Hamid Karzaï, qui n'a cessé depuis l'élection d'Ashraf Ghani de tirer les ficelles du grand jeu afghan, ait joué un rôle important pour la libération du mollah Baradar en 2018, sollicitant l'appui du gouvernement américain. Cette remise en selle de celui que les Pakistanais avaient cru pouvoir éliminer était clairvoyante, sachant que ces derniers n'ont cessé de nuire ces dernières décennies aux intérêts nationaux de l'Afghanistan en sacrifiant l'avenir et la sécurité de ce pays au seul autel de leurs intérêts stratégiques.

Le mollah Baradar est un ancien compagnon du mollah Omar, cofondateur de sa *madrassa*, ancien *moudjahid*, l'un des principaux chefs militaires et stratèges du mouvement, un homme fort peu susceptible d'avoir des sympathies pour le Pakistan. Selon des sources concordantes, il est pragmatique, ouvert d'esprit et appartient au courant le moins radical des talibans. C'est sans doute pourquoi les Américains l'ont fait sortir de sa résidence surveillée depuis deux ans pour lui faire jouer ce rôle de négociateur des talibans dans leurs pourparlers avec les États-Unis et le gouvernement afghan.

L'évolution des talibans depuis 25 ans évoque un thème cher aux sophistes grecs : celui du bateau de Thésée, que les Athéniens avaient religieusement conservé pendant des siècles et dont le bois était remplacé au fur et à mesure qu'il se corrompait, la question étant de savoir si après des siècles ce bateau était resté le même ou devenu un nouveau bateau. Pour étendre la gageure aux talibans, il convient en premier lieu de se poser la question de savoir qui ils sont réellement ; c'est une question à laquelle il est difficile à la plupart des observateurs de répondre, et c'est un des objectifs de mon témoignage que de donner à l'abstraction générique du mot quelque réalité et un peu d'épaisseur à travers le récit de ma propre expérience.

1.
1979-1981

Ma première ambassade en 1979, Kaboul : « mauvaise pioche » ?

Avril 1979, au ministère des Affaires étrangères : je suis un tout nouveau secrétaire d'ambassade, et on me donne le choix entre trois postes. Je cède à l'attrait de cet Orient mystérieux et opte dans l'instant pour l'Afghanistan. Pour un diplomate qui a tout à apprendre du métier, cette ambassade ne semble pas de tout repos : les coups d'État s'y succèdent. En 1973 le prince Daoud Khan renversait son cousin le roi Zaher, qui se réfugia en Italie. En avril 1978, Daoud Khan fut assassiné lors de la révolution communiste qui balayait la jeune république.

Le massacre d'une bonne partie de la famille royale, demeurée au pouvoir sous les habits d'un régime présidentiel en recherche d'une voie entre Est et Ouest, n'avait fait qu'aggraver les tensions entre les deux blocs, d'autant que la Guerre froide connaissait un nouveau regain depuis l'annonce du déploiement des fusées *Pershing II,* pointées vers l'Union soviétique depuis l'Allemagne.

On attribuait aux Russes la paternité de cette révolution en vue d'accéder aux fameuses mers chaudes, vieux rêve tsariste repris à son compte par l'URSS, visant désormais le Pakistan acquis aux intérêts américains et son débouché sur l'océan Indien, ultime pion sur l'échiquier de l'Asie du Sud.

À l'ambassade, mon poste d'analyste de la politique étrangère du pays n'était pas tâche aisée. En l'absence de relations avec les autorités communistes au pouvoir, ma mission consistait à essayer de glaner les rares informations disponibles dans la presse locale, et les rumeurs dans les cocktails diplomatiques.

La presse était tout sauf transparente, mais ce qu'elle taisait en révélait souvent plus que ce qu'elle ne disait. L'apprentissage, sur le tas, de la « soviétologie » s'avéra très utile pour ma carrière dans des pays aux régimes opaques et à l'information sous contrôle. Les ambassades du bloc de l'Est, aux liens privilégiés avec le nouveau régime, ne nous fréquentaient pas. Elles ne nous invitaient pas, sauf exception, et nous n'aurions pas davantage songé à les convier. Tout au plus rencontrions-nous parfois quelque diplomate d'un pays communiste lors de réceptions en territoire « neutre », comme l'ambassade de Yougoslavie, mais aussi celles de pays comme l'Iran et la Turquie. Le monde, tel qu'il était représenté à Kaboul, se trouvait ainsi coupé en deux, et ce poste était donc un exceptionnel laboratoire de la Guerre froide.

Les ambassadeurs de l'Est étaient des caricatures de la *nomenklatura* communiste de l'époque, à commencer par le tout-puissant ambassadeur de Russie, Alexandre Pouzanov, petit homme poussif, produit du Politburo, affublé d'une épouse aussi mal fagotée que lui. Notre ambassadeur ayant fini par se résoudre à les inviter à la résidence, l'un de nous s'écria en voyant débarquer ces vice-rois depuis le perron de la résidence : « Oh, une paire d'hippopotames nains, quelle idée de leur faire porter des vêtements ! » Ils ne pipèrent mot durant le déjeuner, ce fut un supplice. Les ambassades du bloc de l'Est étaient si nombreuses, et celles du monde occidental en si petit nombre, qu'il arrivait que les secrétaires des pays communistes se trompent dans leurs listes et nous adressent des courriers libellés à l'adresse de la « République démocratique et populaire de France », que je faisais rapporter à l'expéditeur sans les faire décacheter. L'ambassade de l'URSS était un immense *compound* où grouillaient des centaines de diplomates, barbouzes, conseillers militaires et ingénieurs de toutes sortes dont elle truffait tous les ministères techniques. Sa façade lugubre et stalinienne, dans un quartier excentré de la capitale auquel le bon roi Amanullah* avait imprimé dans les années 1920 un caractère mi-occidental, mi-orientaliste d'un charme unique, faisait ressentir au passant ce frisson d'angoisse que ne manque pas d'inspirer la toute-puissance. Les ambassades des pays satellites étaient nettement moins impressionnantes. Chacune avait sa spécialité en coopération bilatérale, et particulièrement militaire, tel pays vendant les chars, tel autre les munitions. Celle d'Allemagne de l'Est se distinguait par le nombre de ses conseillers de « sécurité ». Les Afghans apprenaient beaucoup de ces spécialistes de l'interrogatoire musclé, héritiers de leurs prédécesseurs nazis.

Nous faisions heureusement pâle figure dans ce panorama militaro-commercial où nous n'avions pas notre place, notre domaine de prédilection se cantonnant aux sciences humaines. Mais notre conseiller militaire nous apprit triomphalement, lors d'une réunion de service hebdomadaire, qu'il venait de réussir un coup en aidant une entreprise française à remporter un contrat pour la fourniture de 20 000 paires de chaussures. La nouvelle était précieuse en effet, confirmant que l'armée afghane était forte d'environ 20 000 hommes, ce que personne ne savait.

Un soir à l'ambassade d'Iran, je pris mon courage à deux mains pour inviter un jeune diplomate russe et sa femme à dîner. Quand ils arrivèrent dans ma belle villa, ils me demandèrent « où étaient les autres occupants », question que je ne compris pas tout de suite ; je répondis que j'étais célibataire, ce qui les laissa songeurs, le problème pour eux étant que l'on pût habiter seul

* Amanullah Khan (1892-1960), émir puis roi d'Afghanistan du 28 février 1919 au 14 janvier 1929.

une telle maison, chose impensable en URSS et dans tout pays sous la férule communiste. Je dus expliquer que chacun d'entre nous était libre de choisir sur le marché locatif la résidence qu'il souhaitait et d'y mettre plus ou moins de moyens. Ils parurent abasourdis par mes explications, découvrant qu'elles ne relevaient pas de la propagande occidentale ; nous nous revîmes plusieurs fois, et j'offris à l'épouse une cassette de la chanteuse Barbara qui l'incita à apprendre le français.

Je pris vite conscience des limites de mes capacités de communication avec ce monde : je rencontrai dans un vernissage ennuyeux un jeune diplomate est-allemand, sympathisai avec lui et lui proposai de venir prendre un verre chez moi. Une fois à la maison, et en pleine discussion, nous oubliâmes le couvre-feu ; il n'avait alors plus d'autre choix que d'y passer la nuit. Je tentai de l'appeler le lendemain, et n'eus pour toute réponse que : « Cette personne ne fait pas partie de nos employés. » J'appris quelques jours plus tard qu'on l'avait vu entre deux militaires à l'aéroport, sans doute renvoyé par le tout premier vol pour Berlin ; je n'eus plus jamais aucune nouvelle de lui. J'ai tenté de le retrouver après la réunification allemande, sans jamais y parvenir.

Si une bonne moitié des ambassades étrangères présentes à Kaboul nous restaient quasiment *terra incognita,* il y avait suffisamment de partenaires occidentaux pour qu'un novice en diplomatie puisse se faire la main. Face à un régime révolutionnaire sur le qui-vive, voyant la menace partout et faisant régner la terreur, les expatriés s'organisaient pour s'adapter et survivre tant bien que mal, décidés à ce que la vie reste malgré tout joyeuse, démontrant en cela que l'état de guerre n'est qu'une situation comme une autre, et que la paix n'est pas l'ordre naturel du monde.

À une époque où les ambassadeurs se comportaient encore volontiers en despotes, le nôtre, pour sa part jouait les « satrapes éclairés ». Il était par exemple requis que toute l'ambassade se rendît à l'aéroport pour l'accueillir de retour de voyage… autre temps, autres mœurs. L'ambassadeur Perruche était un diplomate d'une époque révolue. Après une carrière marquée par plusieurs années de captivité dans un camp de concentration nord-coréen, l'Afghanistan était son dernier poste, et il me faisait bénéficier de son expérience avec sagesse et bienveillance. C'est à lui que je dois mon premier apprentissage des arcanes diplomatiques.

Nul n'ignorait à l'ambassade que son nom faisait peser sur nous le risque d'un *bis repetita* de « la Volière » : il avait été envoyé à Saïgon à la fin des années 1950 comme secrétaire d'ambassade pour l'unique raison du nom qu'il portait. Il s'était trouvé en effet que l'ambassadeur se nommait Lalouette, et qu'un agent du nom de Merle y avait été nommé. Un facétieux agent du personnel s'était alors écrié : « Saïgon, ce sera la volière du Département ! » Dès lors, toute personne, de quelque catégorie qu'elle fût, portant un nom d'oiseau, Pinson, Moineau, Loiseau, était systématiquement nommée à la Volière. On n'hésitait pas à les arracher d'un poste du bout du monde pour les y dépêcher. Ce surnom resta pour quelques années acquis à la capitale du Sud-Vietnam. Mais le Département, en cette fin des années 1970, s'était assagi et il résista à cette tentation à Kaboul, d'autant qu'en un lieu si troublé, il eût fallu trouver des noms d'oiseaux de proie.

La petite communauté française avait plusieurs points de ralliement, et la résidence était l'un d'eux ; on y donnait des bals une ou deux fois l'an, où l'on valsait, première et dernière ambassade où j'eus l'occasion de le faire. Mais nos expatriés, dont beaucoup étaient des enseignants, pouvaient aussi se retrouver au lycée français, le plus bel établissement de la capitale, offert par de Gaulle au pays, et dont l'auditorium n'aurait pas déparé dans une grande ville de France, ou encore au Centre culturel français, qui proposait du théâtre amateur, des conférences, du cinéma. Notre communauté était plus qu'ailleurs scindée en deux, les gens de droite et ceux de gauche, ne serait-ce qu'en raison de l'atmosphère de guerre froide qui la rendait si sensible aux orientations politiques des uns et des autres. Les dîners entre compatriotes étaient donc fréquents, tentative dérisoire de mener une vie sociale dans un monde menacé et menaçant, dîners que ponctuaient souvent des rafales de mitraillettes ; et il ne fallait pas oublier le couvre-feu, à 20 heures pile. À moins 10, un petit embouteillage se produisait dans un rayon d'un kilomètre autour du quartier présidentiel ; les étrangers rentraient chez eux.

Les personnes les plus intéressantes à fréquenter étaient celles que j'appelais « les ogues » : les archéologues, les sociologues, les géologues. Voyageant dans le pays, ils étaient des sources précieuses pour appréhender la situation politique et sociale. Il y avait aussi un curé italien et un père jésuite grand spécialiste du soufisme, le père de Beaurecueil, qui hébergeait de nombreux orphelins et qui était aimé de tous, sans compter les discrètes petites sœurs de Jésus, venues partager la misère du monde, et qu'on voyait rarement.

L'ambiance était si délétère à Kaboul qu'il fallait quoi qu'il arrive s'insérer dans un solide réseau pour surmonter la tension nerveuse, le stress, l'inquiétude de chaque instant. Car les communautés étrangères pouvaient être harcelées par le pouvoir communiste, et les diplomates ne faisaient pas exception. Les autorités crurent à un moment qu'un « terroriste », qualificatif donné par la propagande d'État aux résistants qui commençaient à s'organiser, s'était réfugié à l'ambassade de France ou chez l'un de ses diplomates. Durant trois jours, des sbires russes aux allures de tueurs prirent ma voiture en chasse, me faisant des queues de poisson. Cela n'était pas très rassurant, même si l'URSS respectait *a priori* l'immunité diplomatique, dont elle savait avoir grand besoin pour couvrir ses menées subversives dans les pays occidentaux. Les arrestations se multipliaient parmi la population afghane, et nous entendions parler chaque jour de disparitions.

Kaboul n'était pas ouvert sur le monde, et le ravitaillement était une préoccupation constante. Mais des structures occidentales résistaient, réservées aux communautés des pays de solide tradition : il y avait un « commissariat français » administré en coopérative où nos compatriotes pouvaient acheter toutes sortes de denrées introuvables dans ce pays enclavé. À l'épicerie allemande il n'y avait guère que des saucisses et de la bière, et au commissariat américain, bien sûr, « il n'y avait rien », en tout cas de notre point de vue, en dehors de l'alcool, sauf à être accro au beurre de cacahuète. Des années plus tard, après la chute des talibans, les Américains crurent bien faire en parachutant au profit des populations déshéritées d'Afghanistan des denrées qui leur firent horreur quand elles découvrirent ce même beurre de cacahuète, si bien qu'elles en conclurent que de tels appâts ne pouvaient être qu'une invention du diable. Les Américains, comme d'habitude, abîmaient leur image.

Il fallait donc connaître les bons endroits en ville ; une jeune enseignante du lycée français m'avait conduit dans un quartier pouilleux du bazar où la viande était servie dans une échoppe dépourvue d'électricité, le long de la rivière Kaboul, somptueuse rivière de l'Himalaya qui se transforme en puant cloaque dans la capitale afghane. Quand j'arrivai, je vis sur l'étal un gigot d'agneau qui paraissait bouger tout seul, avant de découvrir que c'étaient des milliers de mouches qui créaient ce tableau animé. « Ce n'est pas grave, arrivé à la maison, il suffit de bien le passer au permanganate », me dit-elle ; de toute façon il passe au four après. Il vaut mieux manger la viande très cuite ici.

Ne pouvant en voir davantage, je défaillis sur le seuil boueux de l'échoppe. Je ne retournai jamais au bazar pour y acheter de la viande, tâche désormais dévolue à mon cuisinier. Je m'employai en revanche à mettre au point des recettes avec le personnel de maison, à dresser des listes de convives et à entreprendre mes premières réceptions. Comme le disait si justement M. Perruche, qui connaissait le métier : « Un ambassadeur, c'est d'abord un aubergiste. » Et il ne me fallut pas longtemps pour reprendre à mon compte cet adage, sans attendre de pouvoir occuper de telles fonctions.

Je donnai ainsi mon premier cocktail deux mois après mon arrivée, pour lequel les ressources de notre commissariat français m'avaient été précieuses ; on y trouvait du foie gras, du saumon fumé, des coquilles Saint-Jacques, et même des escargots en boîte, la grande affaire étant de récupérer, auprès des Français qui partaient, leurs coquilles vides, qui avaient servi cent fois, de sorte à donner l'illusion que nos tables servaient des produits frais, achetés à la criée ou sortis de la ferme, illusoire supercherie qui n'aurait su tromper personne dans ce pays enclavé où les seuls poissons connus étaient ceux, aux mille arêtes et au goût de vase, des rivières et des lacs.

Cette première réception avait été une réussite, mais j'avais senti une certaine réticence de la part du conseiller politique de l'ambassade et de son épouse, désolés de me voir recevoir de façon plus dispendieuse qu'eux-mêmes. Mme Berthod, l'épouse du « numéro deux » de l'ambassade, m'avait pris à part : « Tout cela est très bien, votre réception est réussie, mais il ne faut pas jeter ainsi votre argent par les fenêtres. Regardez par exemple : vos canapés ; au lieu de servir du saumon fumé sur des tartines avec du beurre venu de France, vous écrasez des sardines en boîte avec l'huile de leur boîte, et vous le servez sur du pain, les gens seront tout aussi contents, ils n'y verront que du feu, et vous ferez des économies. Et du pâté de foie fera aussi bien l'affaire que du foie gras. »

Je ne suivis jamais ces recommandations, ayant compris pourquoi quiconque sortait de chez eux avait l'haleine d'un chat de poissonnerie. Mais je pris un peu plus la mesure des dessous douteux du métier, et d'une réalité que j'allais vérifier si souvent : les diplomates en fin de carrière sont obsédés par les économies, et leur pingrerie devient sans limite. Pour en revenir à Mme Berthod, je lui dois en revanche un conseil que j'ai suivi pendant des décennies, particulièrement adapté au monde arabo-musulman dans lequel j'allais servir si longtemps. Comme je me plaignais de ce que mes domestiques aient pour fatale habitude de dévorer tous les plats, même à peine entamés, et de retrouver mes réfrigérateurs, à peine remplis, désespérément vides le lendemain, elle me donna la solution : « Pendant la cuisson de vos plats, dites qu'un peu de porc est le secret de notre cuisine, que cela donne du goût, et jetez un morceau de lard dans la sauce. Mettez-en partout, faites côtoyer du porc avec les autres aliments sur chaque tablette de votre réfrigérateur. Vous verrez que dans n'importe quel pays musulman, vos plats et vos denrées cesseront de disparaître. » Chaque fois que je me désespérais du coulage de mes provisions, en Algérie, au Maroc, en Syrie, au Pakistan et autres lieux, je me remémorais son lard miraculeux, et mes réfrigérateurs se délestaient beaucoup moins vite.

Il était difficile de rencontrer les rares Afghans qui n'avaient pas encore quitté le pays. Le seul dîner où je pus me rendre alors, ce fut chez M. Faradhi, grand intellectuel et diplomate afghan (je me souviens encore des mille précautions que mon hôte avait prises pour que ce petit dîner passe inaperçu ; son portail avait été refermé sitôt après le passage de ma voiture). Je voyais aussi en cachette de rares membres de la famille royale qui ne s'étaient pas encore échappés, et qui cherchaient à vendre les restes de leur splendeur, leurs dernières pièces d'argenterie et leurs derniers tapis aux quelques diplomates européens encore dans le pays, et une poignée de fonctionnaires afghans furent assez imprudents pour venir à l'occasion prendre un verre chez moi. Un journaliste de la télévision et un douanier le payèrent de leur vie. Le premier était le présentateur des informations télévisées en langue française, qui passait souvent me voir et manifestait une curiosité pour l'Occident assez peu compatible avec les orientations politiques du régime. Le second venait... boire, visites intempestives que subissent souvent les diplomates occidentaux dans les pays où l'alcool est interdit ou hors de prix ; mais sa conversation m'intéressait car il me livrait, souvent sans s'en rendre compte, nombre d'informations qui m'éclairaient sur le plan politique. Ces visiteurs avaient mal calculé le risque considérable qu'ils prenaient à fréquenter un diplomate occidental, de sorte que tous deux furent arrêtés et disparurent pour de bon. J'appris bien plus tard, par la DGSE, que le douanier avait été affreusement torturé avant d'être liquidé. Mais entre-temps, constatant la disparition encore inexpliquée de mes rares interlocuteurs semi-officiels, j'avais décidé de ne plus en recevoir aucun.

L'ambassade avait conservé un charme désuet, dû au mélange d'un nouveau mobilier *design* à du mobilier « Farouk XIV » hérité de l'ancienne ambassade, version Asie centrale. Dotée d'un grand parc et de dépendances, elle avait été reconstruite à la fin des années 1960, le président de Gaulle s'étant entiché du roi Zaher lors d'une visite du monarque en France. Le Général avait découvert en lui un souverain parfaitement francophone et éminemment francophile. Installé dans la villa d'un cousin du roi, jouxtant l'ancien palais royal devenu le siège du pouvoir communiste, j'étais aux premières loges à chaque coup d'État, d'autant que l'ambassade était située à deux cents mètres de là, de l'autre côté du palais, ce qui me le rendait mitoyen au bureau comme à la maison. C'est ainsi que lorsque, le 14 septembre 1979, le président Taraki fut brutalement renversé par son vice-président, Hafizullah Amin, qui tenta par ce coup d'État de desserrer l'étreinte de Moscou, je pus entendre de chez moi, comme si j'y étais, les coups de feu qui mirent fin à son règne. Proximité que devaient apprécier les représentants de la Chine et des États-Unis, aussi bien placés que moi. Je voyais, dans les moments de forte tension, l'ambassadeur de Pékin jouer au cerf-volant sur le toit de sa résidence, d'où il pouvait à l'évidence observer tout ce qui se passait dans l'enceinte du palais. Un passe-temps qu'il pratiquait de façon d'autant plus frénétique qu'il y avait un coup d'État dans l'air. L'attaché militaire de l'ambassade américaine, mon voisin immédiat, avait pour sa part installé une caméra entre les rideaux de sa chambre à coucher, dont les fenêtres plongeaient elles aussi sur le parc présidentiel. Il m'avait fièrement montré son dispositif un soir où j'étais allé chez lui « refaire le monde » en tête-à-tête, et où il avait fini la bouteille.

Le quotidien à Kaboul sous le régime communiste

C'était le temps bienheureux où les petites ambassades comme celle de Kaboul étaient fermées l'après-midi. On en sortait à 13 heures. Et entre le déjeuner et les cocktails et dîners incessants en fin d'après-midi pour cause de couvre-feu à 20 heures, on avait donc quartier libre. Pour quoi faire ? Pour aller arpenter le bazar. Son atmosphère paraissait figée dans un temps immémorial.

Presque tous les hommes pachtounes arboraient fièrement de hauts turbans annonçant leur appartenance tribale, voire clanique, dont la queue retombait majestueusement sur leur épaule, ou se terminait parfois, chez les élégants et les portant beau, en crête de coq ; les Turkmènes et les Ouzbeks portaient de ravissants petits bonnets brodés main de vives couleurs, exprimant eux aussi selon leurs dessins leur origine tribale, ainsi que le *shalwar*, large pantalon bouffant ; d'autres étaient vêtus à l'occidentale de pantalons, chemises et vestes, généralement de mauvaise facture. On identifiait aussitôt des cadres du jeune parti communiste, ou l'ancienne Cour et son administration royale, dont quelques hommes étaient demeurés après la révolution d'avril 1978, n'ayant pu fuir à temps, avant de finir en prison. On y apercevait aussi des femmes du peuple en *burqa,* qui offraient un tableau des plus pittoresques.

De nombreux Occidentaux ont cru vingt ans plus tard que les talibans avaient inventé ce vêtement pour mieux asservir la femme, mais c'est un raccourci déformé que certains journalistes, ignorants de l'histoire du pays, ont contribué à colporter et à amplifier. Certes, à l'époque monarchique, de nombreuses femmes de la bonne société avaient jeté leurs voiles aux orties et l'on pouvait dans les années 1960 voir des jeunes filles en minijupe arpenter les rues du centre de Kaboul et danser le rock dans les soirées de la jeunesse dorée ; le pouvoir communiste encouragea vivement auprès des masses la poursuite de ce phénomène d'émancipation qui n'avait jusqu'alors touché que les élites, l'accompagnant d'une politique d'alphabétisation forcenée. Mais cette libération de la femme, toute relative, ne concernait encore qu'une proportion ténue de la population. L'influence puis l'invasion soviétiques eurent l'effet inverse de celui recherché, à savoir que le peuple s'ingénia à s'opposer systématiquement à toutes les coutumes non conformes à la tradition afghane, y compris en ce qui concerne la modernisation du statut de la femme, et à faire disparaître les maigres conquêtes enregistrées par la modernité depuis la monarchie. Plus le régime communiste s'efforçait de le

« civiliser » à travers ses organisations (la jeunesse, les femmes, les syndicats), plus le peuple marquait son opposition en revenant naturellement à la tradition. Les milieux occidentalisés et privilégiés ayant disparu, massacrés par les communistes ou exilés par milliers, lorsque j'arrivai à Kaboul quelques mois avant l'invasion soviétique, seules les passionarias communistes n'étaient pas voilées. La résistance amplifia ce mouvement de rejet de toute influence étrangère, et le voile revint en force dès le départ des Soviétiques et l'instauration d'une première république de *moudjahidin* ; preuve que nul régime ne saurait durablement imposer à son peuple une idéologie exogène, et signe prémonitoire que cette greffe communiste n'allait jamais prendre.

Les talibans ne firent donc que s'engouffrer dans une voie déjà tracée. Durant mes premiers mois en Afghanistan, la grande majorité des hommes du peuple auraient été ulcérés que leurs femmes sortent en ville habillées autrement que recouvertes de ce voile grillagé qu'est la *burqa*. Pour la plupart d'entre elles, la question ne se posait même pas dans les termes d'une alternative au voile : elles n'étaient aucunement autorisées à sortir de chez elles, et c'étaient les hommes qui faisaient les courses, *pensum* sacrifié sur l'autel de l'honneur familial. Et si pour quelque raison il leur était indispensable de sortir, ce ne pouvait être qu'accompagnées d'un *mahram,* c'est-à-dire leur mari, leur fils ou leur frère, comme le stipulait depuis moins d'un siècle l'idéologie deobandie*, et dans la tenue imposée aux « femmes comme il faut », *burqa* ou *tchadri* (en langue dari). Rien n'en dépassait, sinon les mains et les pieds. On comprend mieux l'émoi de notre gent européenne lorsque en 1900, nos ancêtres découvraient une cheville à la faveur d'une marche un peu haute. Dans le spectacle de la rue, toutes ces femmes ajoutaient aux couleurs des hommes et de leurs turbans bariolés, car les *tchadri* étaient multicolores, des bleu électrique, des parme, des orangés, des noirs. Sous ce voile

* Deobandi : école de pensée musulmane sunnite née en réaction au colonialisme britannique.

se dessinait une vague silhouette, ce qui permettait aux experts de deviner l'embonpoint, la démarche trahissant l'âge. Un jour où je marchais en compagnie de mon chauffeur Aref, alors qu'un groupe de plusieurs jeunes femmes fantômes se dirigeaient dans notre direction, il me fit un signe du coude et me dit, complice et goguenard, en désignant le fantôme le plus à droite : « Pas mal celle-là ! » Je crus bon d'acquiescer, par courtoisie.

J'avais vécu quelques mois après mon arrivée à l'ambassade une anecdote très révélatrice du statut de la femme en Afghanistan. Parmi le personnel de service, il y avait une très jeune femme de ménage qui prenait son service à 8 heures du matin et qui était chargée de nos bureaux. Elle retirait son *tchadri* dès qu'elle avait pénétré dans les locaux ; elle était effacée et d'un physique ingrat. Aussi, à l'ambassade, ne faisait-on pas plus attention à elle que si elle eût fait partie des meubles. Un matin, à peine eut-elle ôté son long voile grillagé et pénétré dans nos locaux qu'elle éclata en sanglots, inconsolable, alertant toute la chancellerie diplomatique par ses cris. L'ambassadeur me demanda d'enquêter sur ce qui s'était passé, et j'appelai naturellement Nabizada. Il occupait dans notre mission diplomatique la fonction tout orientaliste de ce que l'on appelait au XIXe siècle un *drogman* : traducteur, entremetteur, conciliateur, « public relations ». Il était l'homme de toutes les situations, indispensable au règlement des mille et un tracas de la vie quotidienne dans ce pays aux mœurs à peu près hermétiques aux Occidentaux.

Nous voici tous trois, Nabizada, la jeune femme de ménage et moi, dans mon bureau. « Que s'est-il passé, ma petite ? », lui demande-t-il en persan.

Elle répond que chaque jour, alors qu'elle prend le bus pour venir travailler à l'ambassade, les soldats afghans de garde à l'entrée l'importunent, en dépit du *tchadri* dont elle est recouverte, comme toute honnête fille. Ils l'importunaient chaque jour davantage, et aujourd'hui ils lui avaient proposé… « des choses, des choses… terribles. Ah, je suis déshonorée ! ». Et la jeune fille d'éclater en sanglots.

« Ah, rétorque Nabizada, ce n'est que cela ? Alors tout va s'arranger. Dès demain, tu verras, tout sera rentré dans l'ordre. Demain, exceptionnellement, enlève ton *tchadri* avant d'arriver au portail de l'ambassade, et franchis-le sans ton voile, en donnant ton nom aux gardes comme tu le fais tous les jours. Tu verras, ils ne t'embêteront plus jamais. »

Et elle de s'étonner, incrédule, devant ce programme trop beau pour être vrai.

« Mais mon enfant, ils ont déduit de ta démarche que tu étais très jeune, et ils ont pensé que tu étais peut-être aussi une jolie fille. Mais quand ils verront à quel point tu es laide, tout rentrera dans l'ordre. Tu verras, ils ne t'adresseront plus la parole et ils cesseront de t'importuner. »

C'était dit placidement, sur le ton du conseil paternel, sans autre forme de procès. Je m'attendais à ce que la jeune fille redouble de sanglots devant tant de cruauté. Mais au contraire, elle sécha aussitôt ses larmes.

« Ah, merci, Monsieur Nabizada, comme je suis contente, j'espère tellement ! Mais vous croyez vraiment que cela va marcher ? »

Ce jour-là, j'appris donc que les impératifs de cet étrange code d'honneur féminin, qui concerne toute la famille, l'emportaient mille fois sur l'estime de soi.

Le lendemain, elle fit ce qu'avait préconisé Nabizada, et elle ne fut en effet plus jamais courtisée par les gardes.

Toutes ethnies confondues, la plupart des gens croient dur comme fer que cette tenue est précisément celle exigée par le prophète et par le Coran. Encore très peu au fait des coutumes du monde islamique, j'avais dit à mon chauffeur Aref, que j'appréciais beaucoup, que s'il voulait emmener sa famille chez moi pour un goûter, elle serait la bienvenue. Mais il restait évasif et je finis par comprendre qu'il ne le souhaitait pas. Je me résignai mais, curieux de découvrir ses enfants, je lui prêtai un appareil Polaroid pour qu'il fasse des photos d'eux et de son épouse. Il revint avec une photo de ses enfants, mais pas d'épouse. Je le lui fis remarquer, et lui dis que cela me ferait plaisir de voir aussi sa femme, de sorte que je puisse mieux connaître les personnes qui comptaient dans sa vie. Il reprit l'appareil sans un mot et, le lendemain, me tendit une photo de sa femme, obéissant à ce qu'il avait pris pour des instructions. Je découvris le lugubre et saisissant portrait d'un fantôme en *tchadri* grisâtre, pris entre un tas de neige et un mur boueux. Nos réflexes étant ce qu'ils sont, je m'écriai machinalement, selon les codes irréfléchis de notre politesse : « Elle paraît bien charmante ! » Je me remémore encore combien je m'étais senti bête dès l'instant suivant.

Je devais comprendre ainsi que ces malheureuses créatures parviennent à travers leur austère déguisement à faire passer des messages sur leur identité, leur caractère, voire leur disponibilité, et que la *burqa* elle-même laisse filtrer de discrets codes de séduction. Certains signaux culturels qui nous sont imperceptibles sont criants pour d'autres civilisations. La société musulmane se trouve ainsi contrainte, lorsqu'il s'agit de satisfaire les instincts, de recourir à des ruses inimaginables pour notre civilisation européenne, qu'elle a pourtant connues en son temps, comme nous le révèlent le *Décaméron* ou les *Contes de Canterbury.* J'avais au moins la satisfaction de commencer à comprendre ces codes, nouveaux pour moi.

Je découvris aussi ce que recouvrait ce terme : « afghan », à savoir que les Pachtounes se considéraient comme les seuls Afghans, et que les minorités du pays ne pouvaient se glorifier de ce nom, et ne l'auraient d'ailleurs que rarement souhaité, plaçant elles aussi leur origine ethnique bien avant leur appartenance à cette incertaine nation. De fait, jusqu'à la fin du XIXe siècle, le monde extérieur avait adopté le même usage, les nombreux livres publiés en Angleterre à cette époque appelant indifféremment les Pachtounes « Afghans », « Afghauns » ou encore « Pathans ». Je percevais aussi que le peuple pachtoune, tout conservateur qu'il fût généralement, était capable de nourrir vis-à-vis des garants supposés de la religion, à savoir les mollahs, une saine et voltairienne dérision… Au XIIIe siècle, un personnage de légende, le mollah Nasr Eddine, sorte de Bécassine dépositaire de la religion, avait fait l'objet de toutes sortes d'histoires et d'anecdotes où il tenait systématiquement le mauvais rôle, celui du crétin fini qui se fait toujours avoir, et qui cumule avec la bêtise et l'ignorance plusieurs des péchés capitaux. Le peuple était pieux, mais il n'était pas dévot, car il n'était nullement dupe du niveau du religieux moyen. Si l'on m'avait dit alors que cette société, vingt ans plus tard, allait tomber sous le joug des mollahs, je ne l'aurais pas cru, car il n'existait aucun signe avant-coureur d'une évolution si radicale.

Une humanité souffrante, surtout masculine, grouillait de toutes parts à Kaboul, s'occupant à survivre. Les Hazaras, descendants des armées de Gengis Khan* après qu'il eut conquis et rasé la ville de Bamiyan et massacré tous ses habitants, avaient de tout temps, aux yeux des Afghans de souche, été considérés comme la race même des esclaves. Petits hommes, souvent de peu d'allure et adeptes du chiisme, ils étaient perçus comme des hérétiques, le racisme naturel des Afghans, aisément convaincus de la supériorité de leur race aryenne, faisant le reste. On voyait ces malheureux pousser en tous lieux des charrettes à bras, colporter, vendre à la sauvette, et ajouter par les nuages de poussière qu'ils soulevaient dans leurs travaux d'esclaves aux embarras de la circulation, aux vents de poussière et au chaos urbain. Une fraction de cette communauté, ismaélienne, était maintenue à bout de bras par les œuvres humanitaires de son chef spirituel, l'Aga Khan**, qui avait toujours suivi la situation du pays avec la plus grande sollicitude, y compris sur le plan diplomatique, menant souvent un rôle de médiation aussi constructif que discret.

Haute politique chez un marchand de tapis

Dès que je pouvais m'affranchir de l'ambassade l'après-midi, le bazar était donc mon lieu de prédilection. Tout y était ruiné et minable, et si çà et là une ancienne façade témoignait encore de

* Gengis Khan (1206-1227), empereur de la Mongolie.

** *Aga Kahn* est le titre héréditaire porté par les imams des ismaéliens nizârites depuis le *Raj* britannique.

la période de développement relatif, tourisme aidant, des années soixante, la plupart de ces quartiers, noyés de poussière et jonchés de débris, sombraient dans la décrépitude. Mais le bazar regorgeait de tous les trésors de l'Orient et c'était ma joie quotidienne.

Je m'y promenais donc chaque jour, allant d'une échoppe à l'autre, où je me fis très vite de nombreux amis afghans parmi les boutiquiers. Le bazar, dans la tradition persane, a toujours joué un rôle considérable au-delà de son activité économique, les grands commerçants disposant de relais dans toutes les sphères. Les changeurs leur fournissaient des informations stratégiques sur les mouvements de fonds annonciateurs de bouleversements de toute sorte, et ils avaient de nombreux contacts avec l'administration et les douanes. Ils savaient donc tout ce qui avait de l'importance, et comprenaient mieux que quiconque ce qui se tramait.

Très vite, je compris que j'allais en apprendre bien plus sur le pays, y compris en matière de politique étrangère, en allant prendre le thé chez les grands commerçants du bazar qu'en faisant mon métier de façon classique, dans ce contexte de guerre froide où l'information ne circulait pas et où les ambassades occidentales vivaient en circuit fermé, se renvoyant des rumeurs déformées et empoisonnées. De concert avec un jeune collègue britannique, Peter Barker, je m'étais d'ailleurs amusé à vérifier combien de temps prendrait une rumeur farfelue, lancée de façon délibérée lors d'un cocktail diplomatique, pour être relayée et devenir la spéculation du moment pour le landerneau des ambassades. Il s'agissait de prétendre qu'un communiste afghan de premier plan, très opposé au président en exercice et exilé par ce dernier à Moscou, était de retour en Afghanistan. Il ne fallut que 24 heures pour que la rumeur nous soit rapportée. Ce fut un diplomate pakistanais qui vint me voir pour me demander si j'avais entendu parler de cette étonnante nouvelle et ce que j'en pensais. Je crois me souvenir de l'avoir expédié en réprimant mon sourire, me bornant à lui répondre qu'elle me paraissait illogique et infondée… Et la rumeur poursuivit sa vie pendant une bonne dizaine de jours.

Un après-midi d'octobre 1979, toujours avide d'informations, je pris le thé avec l'un des grands marchands de tapis de la ville. Il n'était pas avare de confidences, souvent fort intéressantes. Cette fois, au lieu de m'offrir le thé au milieu de son magasin, il m'invita à le suivre dans l'arrière-boutique. Parlant à voix basse, il me dit qu'il avait pour habitude depuis des décennies d'aller acheter ses tapis de l'autre côté de l'Amou-Daria, qui marquait la frontière avec la république soviétique d'Ouzbékistan. Ce commerce était l'une des clés de sa grande réussite en affaires, les tapis y étant beaucoup moins chers et les Ouzbeks, friands des précieux dollars. Bien sûr, le franchissement de la frontière était interdit, mais il avait ses habitudes et son réseau, de chaque côté du fleuve, la traversée ne prenant que quelques minutes ; le jeu en valait donc la chandelle. Il venait de rentrer de l'une de ces expéditions, sans avoir pu la mener à bien car cette fois, mon marchand de tapis n'avait pas pu traverser : sur la rive opposée du fleuve, toute une armée était campée. Sur plusieurs kilomètres, des tentes à perte de vue, puis des rangées de blindés, d'innombrables installations aussi, visiblement destinées à l'intendance d'une grande armée.

Saisi par l'importance de cette information, je courus aussitôt à l'ambassade. C'était un samedi, elle était fermée, et l'ambassadeur en sa piscine.

« Monsieur l'Ambassadeur, pardonnez-moi de vous déranger, mais je viens d'apprendre une information capitale : les Russes vont envahir l'Afghanistan, et c'est une information certaine.

— Ah, rien que cela, cher ami ? Êtes-vous bien sûr que cela ne pouvait attendre lundi ?

— C'est absolument certain.

— Eh bien, reparlons-en lundi matin à la première heure. Alors, n'arrivez pas en retard ! »

Rongeant mon frein tout le week-end, j'exposai de nouveau à mon ambassadeur, dès le lundi matin, le détail du dispositif tel qu'il m'avait été décrit, mais il me répondit qu'il ne me fallait pas croire « tout ce que l'on raconte dans les cocktails ».

« Mais ce n'est pas dans un cocktail, c'est un marchand de tapis qui m'a fait cette révélation.

— Ah, mon Dieu ! »

J'insistai sur le fait que de telles informations ne s'inventent pas, et qu'elles méritaient bien un télégramme, mais il n'en était pas question pour l'ambassadeur : on n'envoyait pas un télégramme pour rapporter les dires d'un marchand de tapis. J'insistai encore pour qu'on le rédige au moins au conditionnel, dans le langage convenu de la diplomatie : « Il m'est revenu que », « sous toutes réserves », « d'une source non diplomatique, qui reste à vérifier ». Je fis valoir ma désapprobation, soulignant qu'il n'existait pas de hiérarchie sociale dans la véracité des sources, seulement celles qui étaient crédibles et celles qui ne l'étaient pas. La mienne l'était nécessairement, car mon interlocuteur n'aurait eu aucune raison d'inventer une telle histoire, étayée de plus par des descriptions précises. Pourquoi aurait-il voulu m'abuser ?

« Vous n'ignorez pas que l'Union soviétique n'a jamais envahi d'autres pays que ceux qui faisaient partie de leur glacis, et seulement lorsqu'il s'agissait de les remettre au pas ? »

Je rétorquai que pour qu'il y ait glacis, il avait bien fallu des conquêtes, et que tout paraissait être en place pour que ce pays en soit une nouvelle. Nous constations tous les jours que le régime prenait des initiatives précipitées, comme s'il était aux abois, et que l'URSS renforçait sa mainmise. Il ne faut pas oublier que le président Taraki, vassal de Moscou, venait à peine d'être assassiné, et que nous avions sans doute là une posture offensive visant à empêcher toute sortie du carcan soviétique par son successeur, Hafizullah Amin, qui, au pouvoir depuis quelques semaines, s'efforçait de trouver une voie médiane entre Est et Ouest, et de secouer l'implacable joug soviétique. Peine perdue, l'ambassadeur ne voulut rien entendre. Persuadé qu'une page de l'Histoire était en train de s'écrire sous mes yeux, j'étais désemparé d'être ainsi impuissant à conjurer ou au moins à traiter un événement risquant d'avoir des conséquences considérables sur l'équilibre du monde.

Comme nous n'avions pas d'attaché militaire sur place, dépendants que nous étions de celui de Téhéran, qui se bornait à faire son petit tour une fois par an, je n'avais personne à qui en parler, et je me résolus ainsi à révéler ce que je venais d'apprendre à mon voisin, le colonel Kelly, l'attaché militaire américain. Comme nous vivions dans une allée privée, nous pouvions nous fréquenter le soir au mépris du couvre-feu, privilège partagé avec mon autre voisin, le ministre conseiller de l'ambassade du Pakistan, Jamil Ahmad, qui devait se révéler bien plus tard un écrivain de talent. Loin de considérer l'information futile, l'attaché militaire américain la prit très au sérieux. Rétrospectivement, il peut paraître extraordinaire, à notre époque où depuis des décennies les grandes puissances, y compris la France, disposent de satellites permettant en temps réel et à tout moment de savoir ce qui se passe à l'autre coin du globe, qu'une superpuissance comme les États-Unis n'ait pas été au courant d'un mouvement aussi considérable que celui d'une armée d'invasion en marche à travers les steppes de l'Asie centrale. Mais ces moyens d'observation, à l'époque, n'en étaient qu'à leurs débuts. Le satellite français *Spot* faisait déjà merveille par sa précision, et les Américains disposaient eux aussi de technologies avancées, mais il n'y avait pas encore de réseau permettant de balayer notre planète tout entière, et il fallait, en cette fin des années 1970, orienter les satellites, encore peu nombreux, sur un point précis. L'Américain, très reconnaissant, me promit de me tenir au courant dès qu'il aurait un retour de son administration, et de garder l'information secrète à ce stade, y compris vis-à-vis de son propre chef de poste, le chargé d'affaires ayant succédé à l'ambassadeur Dubs, assassiné l'année précédente par un groupuscule communiste ; il la réserverait au seul Pentagone. Je refusai de lui donner l'identité de mon informateur, et n'en parlai à personne d'autre, et surtout pas à l'excellent ambassadeur Perruche, en qui j'avais désormais perdu confiance. Dix jours plus tard, un soir, l'attaché militaire vint frapper à ma porte : il venait d'avoir un retour de Washington, un satellite avait été braqué sur la zone et avait tout confirmé.

L'URSS s'apprêtait donc selon toute vraisemblance à envahir ce malheureux pays, et ce serait à l'évidence un événement de portée géopolitique considérable.

Je commençais décidément ma carrière en pleine tourmente, et cela me convenait tout à fait.

Il fallait maintenant prévenir Paris en ignorant l'obstruction ambassadoriale, et je trouvai un moyen indirect de transmettre la fracassante nouvelle au palais présidentiel. Il y a 40 ans, les *e-mails* n'existaient pas, nos ambassades n'étaient pas encore équipées d'ordinateurs. De toute façon, ce n'était pas le genre d'affaires que l'on aurait pu traiter par des moyens électroniques. C'est une lettre, écrite à Kaboul et postée à Paris par un intermédiaire, qui fut le truchement. Américains et Français furent ainsi les seuls Occidentaux à détenir cette information cruciale, deux mois avant l'invasion, et ils ne la partagèrent à ma connaissance avec aucun autre État. À noter que rien ne fut tenté ni par Washington ni par Paris pour empêcher l'Union soviétique de tomber dans ce bourbier qu'elle s'était elle-même fabriqué. C'était là, dans ce contexte de guerre froide en pleine recrudescence, une quasi-invitation de l'Occident à laisser les Russes se commettre en Afghanistan ; elle allait s'avérer payante, puisque l'occupation soviétique de ce pays contribua grandement, en dix ans, à la désintégration de l'URSS. Mais nul n'aurait alors pu prévoir les conséquences de cette intervention, avec la création d'un nouveau champ d'expérimentation politique et l'apparition d'un l'islam politique et combattant qui est désormais en train de refaçonner le monde.

Deux mois plus tard, toujours pas d'invasion soviétique, mais l'agitation politique est extraordinaire. Le nouveau régime d'Hafizullah Amin paraît aux abois, les Soviétiques ayant rapidement pris acte de son désir de prendre ses distances avec eux. N'étant pas retourné en Europe depuis mon arrivée en juillet, je demande à me rendre à Paris pour les vacances de Noël. Le 22 décembre, à peine arrivé, je participe à un dîner très parisien chez des amis, où était conviée, en particulier, Jacqueline Beytout, propriétaire du journal *Les Échos*, et un dirigeant d'une grande maison d'édition française. Nous parlons de l'Afghanistan, qui suscite de plus en plus d'articles de presse, mais auquel l'opinion en France ne connaît pas encore grand-chose ; les convives m'interrogent avec curiosité, et je ne résiste pas à la tentation de dire que l'URSS s'apprête à envahir l'Afghanistan, et que c'est imminent, présomption qui fait sourire les convives : comme me le martelait l'ambassadeur de France à Kaboul, l'URSS n'avait jamais envahi aucun pays depuis 1945 en dehors de sa sphère d'influence ; les convives n'ayant rien vu passer dans la presse, et pour cause, rien d'étonnant donc à ce que l'on ne m'ait pas pris au sérieux ce soir-là. J'avais 29 ans, et cela n'aidait guère à ma crédibilité.

Le surlendemain, veillée de Noël, les chars russes franchissent la frontière. Ils arrivent à Kaboul dans la journée. Hafizullah Amin est massacré dans le palais où il s'était retranché. Les Russes font prononcer à Babrak Karmal, communiste afghan résidant à Moscou et inconnu à Kaboul, une allocution demandant « l'assistance du peuple frère », alors même que leurs chars ont déjà franchi la frontière. Il s'avéra plus tard qu'elle avait été prononcée quelques heures avant le renversement et l'assassinat de son prédécesseur, de sorte que personne ne fut dupe sur la réalité de l'agression.

Très vite, je devins chef de poste, le « numéro deux », gravement malade, ayant été rapatrié en France. L'ambassadeur, pour sa part, avait été rappelé une semaine après l'invasion, à la fois pour marquer la désapprobation publique de la France vis-à-vis de cet événement (informée à l'avance, elle n'avait pourtant rien fait pour l'empêcher) et pour punir l'ambassadeur d'avoir été si peu perspicace, car l'affaire du marchand de tapis avait fini par s'ébruiter depuis l'Élysée, d'où on m'avait fait savoir que le président Giscard d'Estaing n'ignorait pas mon rôle dans la transmission de cette information, et qu'il en avait été fort satisfait. Je n'eus pas d'autre récompense pour avoir été le truchement de cette révélation, mais on me jugea suffisamment formé pour ne pas avoir à dépêcher en renfort un autre diplomate plus chevronné pour prendre la tête de l'ambassade. C'était évidemment une situation extraordinaire.

Le colonel Kelly, plus réactif, et même un peu trop, m'invita à dîner chez lui après mon retour de Paris et me demanda si je voulais « travailler pour l'Amérique ».

« Que voulez-vous dire par là ? demandai-je, stupéfait de ce que je croyais comprendre.

— Vous pourriez rendre de grands services en communiquant systématiquement vos informations, étant à Kaboul l'un des diplomates les plus curieux et donc les mieux informés, comme vous venez de le prouver, et nous saurions nous montrer reconnaissants. »

Je lui répondis que je ne saurais, en tout état de cause, servir que mon propre pays, et le priai de ne pas se méprendre : si je lui avais communiqué mon information, c'est parce que j'avais besoin de lui. J'étais heureux qu'elle lui ait été utile, mais nous étions quittes. Je le remerciai de ne pas insister. « Que diriez-vous si je vous proposais la même chose ? Ne seriez-vous pas choqué ? »

L'attaché militaire avait sans doute du mal à comprendre que l'on puisse se dérober à l'honneur de devenir un agent de l'Amérique, garante à ses yeux du « monde libre », et que j'aie pu être à ce point ulcéré par sa proposition ; il devait être gêné, comme je l'étais moi-même, par cette situation, et nos relations se firent moins régulières. Mais nous n'étions pas fâchés, et je lui donnai, lorsque je quittai le pays plus d'un an après, le numéro de téléphone de ma famille à Paris, au cas où il passerait par la France. Un jour, alors que j'étais en poste à Alger, il appela ma mère, qui crut comprendre qu'il lui avait laissé ce message : « Dites-lui que le colonel Kelly vient d'être promu général, il saura pourquoi. »

Éphémères plaisirs et grands malheurs de l'armée Rouge

Je voyais défiler à Kaboul les journalistes du monde entier, et les journées passaient à toute vitesse. Un événement stupéfiant vint un jour bouleverser l'activité de cette petite ambassade dans l'œil du cyclone, quelques mois après l'invasion soviétique. La comptable avait l'habitude d'aller cueillir quelques fleurs dans le parc en fin de matinée, avant de rentrer chez elle. Et ce faisant, elle s'était retrouvée nez à nez avec un soldat soviétique tout nu qui venait de sortir de la piscine de notre résidence ; elle vint me trouver toute tremblante.

« Il y en a au moins vingt dans la piscine, qui sont tous entièrement nus », me dit-elle.

Sorti dans le parc et posté derrière un bouquet d'arbres, je vis qu'en effet les soldats de la garnison soviétique qui gardait le palais présidentiel, dont nous étions mitoyens, avaient escaladé la casemate attenante dont nous apercevions le toit, sans doute pour prendre un bain de soleil sur cette terrasse improvisée, et constaté qu'il y avait à quelques mètres, de l'autre côté du mur d'enceinte, une piscine toute bleue, l'air abandonnée et néanmoins bien tentante par cette belle journée d'été. Ils sautaient depuis le toit jusqu'au mur, vêtus de leurs seules Kalachnikov, et plongeaient innocemment avec de grands plouf.

Devant cette situation périlleuse, je décidai de ne pas parlementer et de me rendre aussitôt au ministère des Affaires étrangères, muni de la « note verbale » de protestation que je venais de rédiger. Mon interlocuteur, surpris de me voir, car nous n'avions aucune relation d'aucune sorte avec les autorités, fut embarrassé par ma démarche, qui mettait le doigt sur une plaie béante, à savoir que les Soviétiques en Afghanistan se comportaient comme toute armée d'occupation : extrêmement mal, et que c'était un Occidental qui le faisait savoir, sans que l'on pût rien rétorquer. Deux heures plus tard, il n'y avait plus de soldat soviétique à l'ambassade, et un silence de mort paraissait régner de l'autre côté du mur.

Le lendemain matin, comme je sortais tôt de l'ambassade pour me rendre à un rendez-vous, je vis un fourgon grillagé hors d'âge, de ceux qui servent à transporter les détenus sortir du palais attenant, et j'appris par mes contacts au bazar que le détachement de privilégiés qui gardaient le palais avait été envoyé au pire des fronts, destinant ces soldats à une mort quasi certaine. Je me suis demandé bien longtemps si je n'aurais pas été mieux inspiré de parlementer aimablement avec eux. Mais dans ce cas, peut-être aurais-je été abattu. Savaient-ils seulement ce qu'était l'immunité diplomatique ?

La résistance à l'envahisseur se faisait de plus en plus farouche. Le propriétaire de ma villa, cousin du roi, ayant fui le pays depuis les premiers troubles, avait désigné un homme de confiance qui venait chaque mois percevoir son loyer ; c'était pour moi l'occasion de glaner quelques confidences et de prendre la température de l'opinion. C'était un brave homme, bon père de famille, la cinquantaine bedonnante, l'air débonnaire, qui aimait chasser et pêcher. Il semblait de plus en plus soucieux, la situation du pays ne faisant que se dégrader. Un jour, je lui trouvai l'air plus guilleret qu'à l'accoutumée, et le lui fis savoir.

« C'est que j'ai passé un excellent week-end à la campagne.

— Ah vous avez fait une bonne chasse ? Attention, avec l'insurrection, cela devient dangereux, et le port d'armes est prohibé maintenant. Comment faites-vous pour braver ces interdits ?

— Oui, on peut dire que j'ai chassé, mais c'était du gibier humain. »

Il était allé à la campagne avec des amis ; ils s'étaient postés sous un pont en attendant que passe un convoi soviétique dont on leur avait dit qu'il en transitait régulièrement sur cette route. Quand il était arrivé, ils avaient tiré, et avaient tué une bonne trentaine d'hommes, sans compter ceux qui étaient tombés dans la rivière avec leur camion. Aucun survivant. Son visage tout entier rayonnait de bonheur, de confiance en l'avenir, d'autosatisfaction. Sa bouche découvrait ses dents, qui riaient elles aussi, ses rides riaient. Il se tapait le ventre de ses mains. Cette image même de la félicité constituait les prémices de la résistance. Sans le savoir, notre bourgeois bedonnant était l'un des premiers *moudjahidin*.

J'appris des mois plus tard par une autre personne désignée pour percevoir les loyers qu'il avait été tué en opération. Mais ce jour-là, j'avais compris que les Soviétiques allaient perdre cette guerre. Il faut dire que la fameuse armée Rouge qui, dans les fantasmes occidentaux alimentés par la propagande de Moscou inspirait à l'Occident la terreur panique d'une invincible armada, n'était pas bien effrayante à regarder pour ceux qui la découvraient pour la première fois depuis 1945 sur un théâtre d'opérations. Aux débuts de l'invasion, c'étaient surtout des soldats des républiques d'Asie centrale, et donc des musulmans, qui n'avaient de l'islam que des notions très vagues, tant le régime soviétique avait été efficace en soixante-dix ans d'éradication de leur religion. Et beaucoup de ces pauvres hères avaient entrepris sans tarder de trafiquer avec la population, allant jusqu'à vendre au marché noir les armes avec lesquelles on allait bientôt les tuer. Ils faisaient aussi du trafic de caviar de contrebande avec les commerçants du bazar, et achetaient de nauséabondes fourrures afghanes, dont ils tiraient profit sur les marchés de Moscou ou des villes d'Asie centrale. Ils furent rapidement remplacés quand leur hiérarchie prit conscience qu'ils achetaient aussi au bazar des Coran par milliers, découvrant pour la première fois le texte sacré, soigneusement banni des librairies de toute l'URSS.

Les blonds aux yeux bleus qu'on leur substitua affluèrent au moment où la résistance commençait à s'organiser sérieusement. Ils tombaient comme des mouches, offrant le désolant spectacle, quand nous croisions en ville ces soldats hagards promis au front, d'une armée de désespérés, qui auraient vendu père et mère pour se procurer de l'alcool ou de la drogue. De chez moi, je les entendais beugler toute la nuit depuis leur caserne du palais présidentiel voisin, et ces vociférations, échos bien déformés des chœurs de l'armée Rouge, ne renvoyaient pas vraiment l'image de la discipline militaire. Leurs équipements étaient à l'avenant. On voyait que l'intendance ne suivait pas. Les véhicules tombaient en panne, les soldats étaient mal nourris et mal vêtus. Si une troisième guerre mondiale devait se déclencher, ce n'était pas ce pays qui la remporterait. Bientôt nous ne vîmes presque plus de soldats soviétiques en ville, car la résistance les frappait dans les rues, sur les marchés. Les épouses des nombreux civils russes n'étaient pas davantage épargnées, et cela commençait à être dangereux aussi pour les Occidentaux, qui pouvaient être pris pour l'envahisseur ; il n'était pas nécessairement perceptible pour des paysans afghans que notre habillement dénotait un tout autre niveau de vie.

Les *moudjahidin* avaient vite compris que se déguiser en femmes offrait un avantage de taille pour perpétrer un attentat contre les forces d'occupation. Les Russes avaient assez bien pris la mesure de la culture du pays pour savoir qu'il était impensable de pratiquer un contrôle physique de quelque nature que ce soit sur une dame afghane ; et la *burqa*, qui couvrait les femmes des pieds à la tête, ne laissant apparaître que les mains et deviner les yeux à travers un grillage en tissu, présentait un avantage certain pour se fondre dans la masse et déposer une bombe en pleine ville, les attentats suicide n'étant pas encore d'actualité. Mais les jeunes hommes ainsi déguisés se trahissaient souvent par une démarche fière et virile, qui contrastait avec l'effacement inné du sexe opposé, et leurs pieds entraient mal dans les petits souliers et les claquettes des demoiselles. Aussi pouvait-on voir au bazar des scènes d'une violence stupéfiante, des corps en *tchadri* soudain jetés à terre et roués de coups, des mollets poilus sortant de leurs jupons et de leurs tuniques plissées, avant que l'on n'emporte ces corps ensanglantés de virils jeunes gens ainsi travestis se faire torturer et achever, principalement en un lieu, à quelques kilomètres de Kaboul, dont le seul nom faisait frémir, la prison de Pul-e-Tcharki.

L'avènement d'un régime communiste, d'autant plus instable qu'il fut menacé par la rébellion dès sa mise en place, avait engendré un mécontentement extraordinaire. Les famines des années 1971-1972 n'étaient pas un souvenir lointain, l'économie était restée fragile, et le soudain changement de régime, en suscitant une émigration des élites intellectuelles et sociales, privait le pays de ses capacités de relance. Les nouvelles lois d'inspiration marxiste ne pouvaient qu'aggraver la situation en décourageant l'investissement, de sorte que le pays était entré dans le cercle vicieux d'une économie de subsistance qui se dégradait à vue d'œil. La monnaie nationale, l'afghani, se dévaluait à l'aune de la perte de confiance des marchés et de la dégradation des comptes publics. Le retrait des partenaires occidentaux et des touristes, encore si nombreux quelques années plus tôt à passer par Kaboul sur leur route de Katmandou, ajoutait encore au marasme.

L'immense majorité du peuple, qui vivait désormais dans la misère, était profondément hostile au nouveau régime, dont les plans quinquennaux aux objectifs mirobolants ne convainquaient que leurs concepteurs, et qui ne sut jamais gouverner autrement que par la terreur, avec son cercle vicieux d'émigration de masse. En quelques années, trois millions d'Afghans avaient quitté le pays. Les soldats désertaient pour rejoindre les rangs des *moudjahidin*. Le travail manquait, tout se décomposait avec le départ des étrangers, des ingénieurs, des techniciens, des professeurs, des médecins, des forces vives. Seuls les anciens étudiants dans les pays de l'Est, le couteau entre les dents, étaient acquis au nouveau régime. Mais ils ne représentaient qu'une infime minorité de la population. Telle était la situation du pays que je quittai en juillet 1981, après deux années qui avaient nourri en moi, pour le reste de mes jours, un attachement des plus vifs. En quittant Kaboul, j'allais garder pour toute ma vie le souvenir d'une soirée du tout début de l'occupation soviétique où, entendant une soudaine clameur, j'étais sorti dans mon jardin pour mieux entendre : de toutes les parties de la ville un cri profond et sourd, sorti des poitrines d'un million d'habitants, se répandait en écho depuis les collines, cherchant à se hisser jusqu'au ciel. Chacun hurlait *ALLAH AKBAR, ALLAH AKBAR,* et répercutait le nom de Dieu à l'infini. Ces cris ne faisaient plus qu'une seule voix, la clameur de tout un peuple implorant le Dieu miséricordieux, et aussi le Dieu vengeur. Jamais les Russes ne pourraient mater l'Afghanistan.

2.
Janvier-décembre 1997

15 ans plus tard, retour en Afghanistan avec l'ONU

Après avoir passé quelques années à Alger, puis à Rome près le Saint-Siège, j'étais depuis deux ans affecté comme secrétaire d'ambassade au Maroc lorsqu'un jour d'octobre 1996, nous reçûmes un télégramme diplomatique indiquant que le ministère des Affaires étrangères sollicitait la candidature d'un diplomate connaissant l'Afghanistan ainsi que l'une des deux langues de ce pays (le farsi et le pachtou), et bien évidemment l'anglais, pour un détachement d'un an à l'ONU. Il s'agissait d'occuper le poste de conseiller politique du représentant spécial du secrétaire général des Nations unies, dans une mission de paix en Afghanistan, l'UNSMA, mise sur pied pour résoudre le conflit entre l'Alliance du Nord et les talibans, qui venaient de prendre le pouvoir à Kaboul en octobre. Vaste programme ! Mais je parlais bien l'anglais, la langue de travail de la Mission onusienne, je n'avais pas encore totalement oublié le persan de Kaboul, et même si mes connaissances de cette langue s'étaient estompées, j'avais conservé une mémoire précise de l'Afghanistan et de son histoire contemporaine, continuant à en suivre attentivement la géopolitique.

Ce télégramme était survenu alors que je rongeais mon frein au sein d'une ambassade aux effectifs pléthoriques. Je proposai donc ma candidature, aussitôt acceptée après une rencontre avec le représentant spécial à Islamabad, le quartier général de sa mission étant situé dans la capitale pakistanaise. Nous nous étions bien entendus d'emblée, cet ambassadeur allemand, le docteur Norbert Holl, et moi-même, et nous sommes d'ailleurs restés en contact bien après ce poste. J'avais négocié avec le ministère qu'en contrepartie de l'acceptation d'un poste si difficile et dangereux, celui de chef de notre mission diplomatique en Afghanistan, qui allait se libérer un an plus tard, me serait réservé, et le principe en avait été accepté. C'était pour moi une perspective très intéressante, le corps administratif dans lequel je me trouvais ne permettant pas d'évolution vers des emplois de responsabilité, tels que consul général ou ambassadeur. Je voyais donc se profiler devant moi quelques passionnantes années en Afghanistan, ainsi qu'une occasion exceptionnelle d'utiliser cette expérience comme un marchepied pour franchir les méandres de la « Carrière ».

Il allait falloir s'organiser autour de ce pays, la mission de l'ONU étant, comme on l'a vu, basée à Islamabad, avec de fréquentes visites dans un Afghanistan en guerre.

Depuis que je l'avais quitté à l'issue de ma première mission, en 1981, le pays n'avait fait que se désagréger. À la fin de la décennie, l'opposition au régime soutenu par Moscou avait largement commencé à s'organiser, tant à l'intérieur du pays, où les forces gouvernementales et d'occupation ne tenaient plus que les grands axes routiers, que depuis Peshawar, ville de la frontière pakistanaise devenue la vitrine de l'opposition des groupes de *moudjahidin* et le siège de leurs relations internationales. Sept partis politiques de ces résistants y avaient installé leurs bases arrière, et c'est à Peshawar que s'était déversée jusqu'au retrait soviétique la manne financière et militaire à ces combattants que l'Occident avait qualifiés « de la liberté ».

L'ONU s'était saisie sans tarder de cette nouvelle affaire, qui compromettait la sécurité régionale, et mettait sur pied une mission placée sous l'autorité du secrétaire général Kofi Annan. En asseyant autour d'une table, les opposants aux talibans de « l'Alliance du Nord », séides de toutes les puissances ingérentes en Afghanistan, l'UNSMA créait les conditions idéales pour un enlisement des négociations entre partis combattants.

Lorsque je prends mes fonctions en janvier 1997, l'UNSMA est en pleine ébullition car une seconde session de pourparlers sous son égide va se dérouler dans les jours suivants entre les représentants de la mosaïque de « l'Alliance du Nord » : les Ouzbeks du général Dostom, les Tadjiks du commandant Massoud et de Rabbani, les Hazaras de Khalili et, de l'autre côté de la table, les envoyés des talibans.

En participant à cette réunion dans la capitale pakistanaise, c'est d'emblée une impression mitigée qui prévaut : chacun campe sur ses positions, aucun protagoniste ne veut lâcher de lest, la situation est bloquée. De fait, personne ne veut vraiment discuter et les participants font semblant de négocier. N'étant pour la plupart investis d'aucun pouvoir ni mandat de négociation réel, ils paraissent n'avoir d'autre instruction que de temporiser. Dans les semaines qui suivent, la Mission s'efforce de convoquer une nouvelle réunion, à laquelle les négociateurs des deux parties paraissent à nouveau peu empressés.

Ce conflit était télécommandé de l'extérieur, tout le problème était là. Le phénomène taleb avait été préempté, comme on l'a vu, par l'armée et les services de renseignement pakistanais dès qu'ils eurent compris qu'il avait de sérieuses chances de l'emporter face à la décomposition du régime des *moudjahidin*. Il leur suffirait, croyaient-ils, de le contrôler. Le mouvement, qui rassemblait des étudiants des écoles coraniques pakistanaises et de nombreux enfants de réfugiés afghans sans instruction, était devenu en 1996 une marionnette d'Islamabad ; il espérait ainsi se ménager un régime à sa botte, propre à lui conférer cette fameuse « profondeur stratégique » que, dans le contexte de leur conflit latent avec l'Inde, les Pakistanais avaient toujours espéré se réserver dans ce pays limitrophe, sans jamais y parvenir. Ils allaient, un jour pas très lointain, regretter d'avoir ainsi joué aux apprentis sorciers. Mais ils n'étaient pas seuls dans ce rôle de parrain, leurs relais saoudiens, qataris et émiriens ayant éprouvé une immédiate sympathie pour un « émirat islamique » qui ressemblait à s'y méprendre à leur propre modèle idéologique, religieux et social.

Parmi les représentants de l'Alliance réunis autour de notre table, les Ouzbeks du général Dostom étaient soutenus par l'Ouzbékistan et par la Russie, parvenue à rester dans le jeu afghan par son entremise. Les Tadjiks du commandant Massoud, mollement secondés par leur base arrière du Tadjikistan, jouissaient aussi d'une prudente sympathie de la France, qui entretenait une passion particulière pour ce surprenant chef de guerre au profil d'aigle, baragouinant un peu de français. Les Hazaras, lointains descendants des armées de Gengis Khan qui avaient déferlé au XIIIe siècle sur la capitale de Bamiyan, l'une des plus prospères de toute la région, n'avaient qu'une ambition, celle de leur survie dans un environnement politique où leur confession chiite leur valait d'être traités comme des citoyens de seconde zone. Leur mouvement était soutenu pour d'évidentes raisons religieuses, mais aussi stratégiques, par l'Iran chiite, qui voyait comme une insupportable menace l'émergence à sa frontière d'un émirat islamique soutenu par des wahhabites de tout poil. La plupart des représentants de l'Alliance du Nord, de surcroît, nourrissaient les pires craintes à la perspective de devoir se rendre pour ces pourparlers au Pakistan, pays qui soutenait leur ennemi taliban, et où ils ne se sentaient donc nullement en sécurité. Et plusieurs des partis qu'ils représentaient étaient tiraillés entre une intermittente tentation de la paix et la paralysie où les contraignaient les puissances étrangères qui leur fournissaient armes et instructions.

L'examen de la liste des conseillers politiques de la Mission renseignait nettement sur le jeu que menaient les grandes puissances. Parmi eux, on trouvait des représentants des deux pays européens ayant encore la prétention de mener une politique d'envergure mondiale, Royaume-Uni et France, un diplomate russe proche du KGB, un universitaire américain, bon spécialiste de l'Afghanistan, qui parlait parfaitement le persan, et un Japonais. Les États-Unis se montraient discrets à ce stade, laissant surtout faire leur allié pakistanais, observant l'émergence des talibans avec attention, ayant visiblement choisi de les préférer pour le moment au chaos qui les avait précédés. Ils percevaient clairement en eux un gage, même temporaire, de stabilité, qui permettrait d'envisager un retour au grand jeu politico-stratégique, dont l'Afghanistan constituait un élément clé en raison de sa situation géographique, dans le cadre des réflexions alors très en vogue sur l'ordre énergétique en recomposition en Asie du Sud. Les États-Unis entendaient y prendre part à travers le projet de la compagnie Unocal, visant à faire passer par l'Afghanistan un pipeline pour relier les champs gaziers et pétroliers de l'Asie centrale aux marchés assoiffés d'énergie du Pakistan et de l'Inde. La présence au sein de l'UNSMA d'un expert japonais de l'Afghanistan témoignait enfin que rien de ce qui est asiatique ne saurait échapper à l'intérêt, voire à l'emprise, de ce pays. Le Japon ne voulait pas être écarté de l'avenir d'un pays fort riche en matières premières de toutes sortes, charbon, pierres précieuses, marbre, terres rares, et surtout de ressources énergétiques presque inexplorées qui pourraient un jour faire de ce pays un véritable Eldorado, et s'inquiétait par ailleurs de sa déstabilisation pour l'équilibre de la région, et de l'Asie tout entière. On ne sut jamais ce qu'il faisait au juste, mais il est vrai que les autres conseillers politiques, moi y compris, étions peu diserts sur nos activités lors de nos réunions de service, où il n'était jamais question que des fameux et stériles pourparlers entre belligérants… En fait, chacun avait son agenda.

Le choix par les Nations unies de cette implantation à Islamabad était sujet à caution ; certes, le Pakistan était le seul pays à partir duquel les liaisons routières et aériennes, quelque hasardeuses qu'elles fussent, étaient possibles avec l'Afghanistan, et c'était également celui qui avait accueilli, et de loin, le plus de réfugiés afghans, parmi lesquels de nombreux hommes politiques que les Nations unies pouvaient juger utile de fréquenter. L'irruption des talibans sur la scène politique afghane rendait cependant ce choix peu judicieux, puisqu'il s'agissait d'un pays auquel les talibans, partie principale au conflit, étaient largement inféodés. La Mission partait dans ces conditions avec un lourd handicap.

Il était néanmoins entendu que le travail de la Mission ne se ferait pas seulement à Islamabad. Nous avions aussi des bureaux à Kaboul, et il y avait toujours l'un ou l'autre d'entre nous dans un avion pour des missions ponctuelles, avec ou sans le chef de mission, pour aller voir tel ou tel chef de guerre, sans compter les missions à l'étranger pour consultation avec les parties directement ou indirectement intéressées au conflit, qui relevaient essentiellement du chef de mission. Plus tard, la Mission de l'ONU se doterait d'un bureau à Téhéran.

Une de ses activités consistait en des tâches de coordination avec les agences des Nations unies, toutes présentes à Islamabad, qui voulaient connaître les « progrès » enregistrés par les pourparlers que nous entreprenions, et les perspectives de paix que nous envisagions. C'était pour moi la découverte d'un monde nouveau, qui me frappa par son aptitude à recouvrir du voile d'un langage abscons et idéologique une action souvent incapable d'apporter aux populations le soulagement qu'elles attendaient, non sans dépenser à cet effet des flots d'argent qui venaient souvent s'engouffrer dans les sables de la bureaucratie et des corruptions locales. Il s'agissait de pondre des rapports, d'autant plus appréciés qu'ils étaient volumineux, au contraire de l'usage en vogue dans les grands appareils diplomatiques où plus on faisait court, plus on était considéré comme pertinent. Je n'étais engagé que pour un an, renouvelable, mais je sus dès le premier mois qu'une année d'expérience du système onusien allait m'être grandement suffisante, même si le Département ne tenait pas sa promesse de me confier les rênes de l'ambassade de Kaboul à l'issue d'une année à l'UNSMA, car il avait l'oubli facile, et rien n'était jamais souscrit par écrit.

Un engagement politique au bénéfice de l'Afghanistan

Dans ce pesant contexte où les adversaires se regardaient en chiens de faïence, de sorte que nous n'aboutissions à aucun résultat dans nos efforts de pourparlers, je ne tardai pas à m'ennuyer dès le second mois de mon séjour ; je m'employai dès lors à échafauder des hypothèses, des stratégies propres à donner à la Mission un nouveau souffle. Je me demandais en particulier si, dans le contexte de délabrement quasi total de toutes les institutions afghanes, la Mission n'aurait pu essayer de donner quelque impulsion pour recoller politiquement les morceaux épars d'un Afghanistan que ses vicissitudes contemporaines avaient fini par faire imploser.

Il n'y avait plus de Parlement, ni aucune sorte de représentation populaire, pas même quelque authentique *Choura* de tradition islamique, et l'inquiétante incurie des talibans, comme leurs marottes fondamentalistes, avaient découragé les derniers fonctionnaires encore à leur poste, qui s'étaient enfuis au Pakistan voisin, de sorte qu'il ne restait plus qu'une administration fantôme ; pas d'armée non plus, mais des hordes munies de Kalachnikov, comme celle du gouvernement de Kaboul ; pas davantage de finances publiques, dans le contexte d'une quasi-disparition de l'économie nationale, et aucune société civile.

Que restait-il dans ce pays laminé ? Il y avait bien les tribus, qui avaient constitué depuis des siècles le fer de lance du pays. Elles avaient animé toutes les révoltes et engendré bien des déclins, mais aussi quelques progrès. C'est d'elles qu'étaient sorties les solutions quand le chaos menaçait, y compris celle qui avait mené au XVIIIe siècle à l'établissement d'une monarchie durable, celle des Mohammadzaï, qui avait duré jusqu'à nos jours, même si au cours de l'histoire les *jirga*, les assemblées de chefs tribaux, avaient plus souvent entériné des décisions déjà acquises par le jeu des rapports de forces que constitué un véritable instrument de démocratie.

Je me penchai sur la situation de ces tribus, et ce qu'il en restait. À l'époque communiste, nombre de leurs chefs avaient été éliminés par les nouveaux maîtres du pays, et ceux qui avaient survécu avaient perdu une grande partie de leur influence, n'ayant que rarement su préempter la révolution anti-communiste et islamique telle qu'elle avait été portée durant l'occupation soviétique. De nouveaux *leaders* avaient ainsi émergé, chefs de guerre comme le commandant Massoud et bien d'autres, qui avaient entamé l'influence des Khans, paraissant la reléguer à un vestige d'un autre temps. Mais le prestige dans les provinces des chefs de tribus, bien qu'amoindri, demeurait considérable, et n'aurait demandé qu'un peu d'imagination politique pour que se voie restaurée ou renforcée leur légitimité, de sorte de faire contrepoids aux talibans et de favoriser ainsi la réapparition d'un mouvement s'apparentant de loin à notre « démocratie », seul système de gouvernement que l'Occident soit capable de comprendre et de tolérer. Le seul aussi qu'il se croie tenu d'imposer au reste du monde.

Le roi Zaher, en dépit de son grand âge, pouvait encore avoir une influence. Certes il était en exil à Rome depuis que son cousin l'avait renversé, en 1973, pour proclamer la république. Mais son règne, de l'assassinat de son père en 1933 à 1973, avait été sage. Il jouissait d'une immense popularité, à l'exception de quelques groupes ethniques comme les Hazaras, qui ne voulaient pas entendre parler d'une monarchie qui les avait cruellement discriminés. À cette exception près, et celle de certains seigneurs de la guerre qui voyaient d'un mauvais œil le retour dans le jeu national d'un ancien souverain qui ne s'était pas mobilisé lors de l'invasion soviétique, le moment semblait venu de jouer la carte du roi pour aider le pays à retrouver le chemin de la réconciliation nationale.

Un matin, je me réveillai avec la ferme détermination de vendre l'idée que seules les Nations unies avaient la capacité de fédérer autour de la personne du roi Zaher ce qui restait des tribus, et de proposer une vision et un avenir qui ne soient pas ceux des talibans, et qui puisse néanmoins les inclure et mettre fin à la guerre. Il était après tout l'un des seuls Afghans à n'avoir pas de sang sur les mains, et son prestige était demeuré considérable, dans la mesure où il restait perçu par une écrasante majorité de la population comme incarnant l'âge d'or lié à son règne. N'avait-il pas su maintenir son pays en dehors de la Seconde Guerre mondiale, l'un des rares à y parvenir, de même que les prédécesseurs du monarque étaient parvenus à éviter la colonisation britannique au siècle précédent ? Il suffisait de trouver un seul Afghan capable de faire le *missi dominici* entre les tribus, et de mettre sur pied une *loya jirga,* hors de l'Afghanistan dans un premier temps, avec le soutien de l'ONU et la bénédiction de l'ancien roi.

La *loya jirga* était une institution aussi ancienne que l'État afghan, grande assemblée tribale réunissant toutes les ethnies du pays lors de circonstances cruciales. Reposant sur la seule tradition, qui remontait selon certaines sources jusqu'aux rois de la dynastie Kouchan, elle avait fondé au XVIIIe siècle la dynastie dont Zaher Shah était le dernier successeur, et s'était surtout réunie, lors des siècles passés, pour confirmer une accession au trône ou décider de la guerre ou de la paix. Expression du pouvoir pachtoune, elle n'avait jamais accordé de place particulière aux autres minorités ethniques du pays, et avait souvent pu apparaître comme une antichambre du pouvoir royal, appuyé par ses grands vassaux. Elle ne reposait sur aucun texte fondamental, rien d'autre ne la régissait que l'impérieuse nécessité, dictée par les événements. Cette institution, qui jamais ne confia le pouvoir à un souverain non pachtoune, incarnait en quelque sorte, pour imparfaite qu'elle soit, une forme de « démocratie à l'afghane ».

Il restait à convaincre Zaher Shah lui-même. Nous pouvions le faire, et j'avais le sentiment que nous le devions. Je partis aussitôt voir mon patron, le docteur Holl, représentant spécial de l'ONU, et lui déclarai être parvenu à la conclusion qu'il nous faudrait tenter une nouvelle initiative pour redonner de l'espoir aux Afghans en suscitant un mouvement d'opinion consacré par la légitimité internationale, visant à fédérer des idées politiques par des actions concrètes. Le roi devrait se prêter au jeu, car lui seul pourrait fédérer un élan démocratique et national que certains talibans modérés pourraient trouver avantage à rejoindre, par opportunisme sinon par conviction. Nous pourrions, lui dis-je donc, identifier un Afghan capable de servir de courroie de transmission entre l'ancien roi et les tribus, qui devrait nécessairement appartenir à l'ethnie majoritaire des Pachtounes, puis aller rencontrer Zaher Shah à Rome. Le représentant spécial releva le nez du papier sur lequel il était en train de travailler et me dit : « Voilà une idée intéressante ! Je n'y crois pas trop *a priori,* mais je vous donne carte blanche. Je ne vous pose qu'une seule condition : me tenir au courant de vos progrès. Allez en parler à Rome avec le roi. Et si cela avance, je suis d'accord pour qu'on retourne ensemble en discuter avec lui. Et bonne chance pour découvrir votre fameux Pachtoune ! »

La première chose à faire, c'était de rencontrer l'un après l'autre tous les Afghans qui prétendaient être en politique. Pour que l'affaire réussisse, ce devait nécessairement être un Pachtoune, cette ethnie représentant plus de 60 % de la population dans une société tribale.

Il fallait aussi quelqu'un de crédible, qui ne se soit pas trop déconsidéré par des affaires de corruption, ni par des massacres pendant la guerre civile. Autant chercher une aiguille dans une botte de foin.

D'autant qu'il fallait un homme qui eût aussi un minimum de légitimité que seul pouvait avoir conféré un engagement antisoviétique dans les années 1980, sans pour autant être devenu l'un de ces chefs de guerre désormais honnis qui avaient mis le pays en coupe réglée après le départ des Russes.

Il fallait aussi qu'il eût du charisme, et qu'il ne soit point haï de la quasi-totalité de ses compatriotes. La quadrature du cercle !

Plusieurs mois durant, j'interviewai au Pakistan tous les Afghans qui, à un titre ou à un autre, faisaient de la politique ou étaient en contact avec d'importantes communautés à l'intérieur du pays. Le siège de la Mission étant à Islamabad, j'avais toute latitude pour aller rencontrer ou convoquer ces mouvements divers dans la capitale pakistanaise, mais aussi à Peshawar, où nombre d'entre eux résidaient, voire à Quetta, dans le Baloutchistan pakistanais. Beaucoup de ces partis en exil étaient en fait des groupuscules, dont certains ne représentaient guère plus qu'eux-mêmes. On y trouvait des créatures des services secrets de diverses puissances, risquant d'être manipulés ou récupérés d'une façon ou d'une autre.

Comme j'étais assez libre de mes mouvements, j'en rencontrai quelques-uns à l'étranger, là où c'était possible, comme l'ex-*moudjahid* Abdul Haq, l'un des plus grands héros, au même titre que le commandant Massoud, de la résistance afghane contre les Soviétiques, qui restait meurtri par de graves blessures de guerre et marchait avec une jambe de bois ; je le vis maintes fois, au Pakistan, dans sa villa de Peshawar ou à Islamabad, mais aussi à Dubaï, quand il sentait que sa sécurité était menacée au Pakistan. Il finit par devenir un ami, avec lequel les discussions étaient parfois houleuses en raison d'un tropisme américain que je jugeais excessif.

Je pense en avoir passé au crible une centaine, parmi lesquels une petite poignée jouissant de quelque crédibilité et quasiment aucun pouvant se targuer de quelque indépendance. Car pour exister politiquement quand on est en exil, il faut de l'argent, et c'est rarement le vôtre quand vous avez dû fuir votre pays. Je fus grandement aidé dans cet exercice délicat par un Afghan francophone, Shahir Zahine, qui me fournissait des renseignements précieux sur la réputation de mes interlocuteurs, et qui allait, après la chute des talibans, créer l'un des principaux groupes d'une presse enfin libre.

La découverte du bon rouage

Parmi ces personnages, je rencontrai enfin, après deux mois d'entretiens, un homme politique afghan qui faisait ses débuts. Très peu connu des Afghans et encore moins des chancelleries étrangères, pachtoune, issu d'une grande famille aristocratique de la tribu des Popolzaï (du Sud-Ouest de l'Afghanistan), il avait été vice-ministre des Affaires étrangères durant quelques mois dans le gouvernement Mojaddedi, instauré après le retrait soviétique, vite suivi par une nouvelle explosion de guerre civile. Son père avait été président du Parlement afghan à l'époque de la monarchie et jouissait d'une réputation sans tache. Lui-même cherchait encore son destin, mais il me frappa d'emblée par son intelligence, son charisme, son charme, et ce que je perçus tout de suite comme étant un réel sens de l'intérêt collectif, qui pouvait préfigurer un sens de l'État, ce que je n'avais rencontré chez aucune autre des personnalités que j'avais interviewées, à l'exception toutefois de mon ami Abdul Haq, le plus célèbre des anciens *moudjahiddin*. Après avoir sondé tant de prétendants à la politique stipendiés par des puissances étrangères, je trouvai son discours nationaliste, ou plus exactement patriotique, assez rafraîchissant. Il était décidé à trouver la voie d'un Afghanistan maître de son destin, loin des influences étrangères, et c'était à mon sens la seule approche possible, la seule façon de donner à ce pays les moyens politiques qui lui permettraient de cesser d'être la proie et la victime des jeux d'influence qui se déroulaient sur son territoire et compromettaient son avenir, comme l'avait fait au XIXe siècle le « grand jeu ». De plus, ayant étudié en Inde et séjourné aux États-Unis, où l'un de ses frères était installé, il parlait parfaitement l'anglais, fait alors assez rare en Afghanistan, les élites cultivées et occidentalisées ayant quitté le pays depuis belle lurette. Il avait aussi quelques bons rudiments de français, grâce à un stage de quelques mois à l'Institut de journalisme de Lille, et me flatta souvent d'un mot aimable dans la langue de Molière.

Il venait de rompre avec les talibans, qui lui avaient proposé le poste de représentant aux Nations unies, où la représentation permanente, restée aux mains de l'administration de Massoud, était dirigée par un remarquable lettré, M. Faradhi, chez lequel j'avais eu ce dîner furtif 15 ans plus tôt et qui s'était depuis rallié au Jamiat islami. Mais l'ONU, à l'instar de nombreux pays, demeurait indécise sur l'opportunité de permettre également l'installation d'un bureau d'observation des talibans, voire de les reconnaître comme étant *de facto* les détenteurs de l'autorité. Après avoir, comme presque tous les Afghans, pensé que ces derniers pourraient être une solution et accepté de les servir, Hamid Karzaï avait finalement rejeté leur proposition avec fracas quand il eut reçu leurs instructions pour sa mission de New York, visiblement préparées en sous-main par les services de l'État pakistanais, rédigées en anglais et de façon trop parfaite pour émaner d'un taliban…

Je ne trouvais ni inconcevable ni choquant qu'un Afghan quel qu'il soit ait pu être tenté de rejoindre le mouvement taleb. Tous, au début, avaient été conquis par ces combattants qui avaient mis fin aux affres de la guerre civile, et promettaient de restaurer l'ordre au nom de la religion, seule référence à l'autorité incontestable. En ce début de 1997, trois mois après leur prise de Kaboul, l'Afghanistan se trouvait dans la situation de l'Allemagne en 1933 : une majorité écrasante du peuple, excédé par les errements des gouvernements précédents et par l'instabilité politique, applaudissait le nouveau pouvoir à tout rompre. Mais on allait bientôt déchanter.

Pour comprendre comment l'opinion pouvait à ce point se fourvoyer, il faut prendre la mesure de la conduite intolérable des chefs de guerre qui s'étaient déchirés depuis le retrait des Soviétiques pour le contrôle du pouvoir, et de ses conséquences sur les malheureux citoyens afghans. Leurs pratiques avaient accru le caractère féodal du pays à un degré qui dépasse l'imagination : les routes étaient coupées au gré des victoires intermittentes, et ceux qui les contrôlaient imposaient aux voyageurs des droits de passage d'un autre âge, leur confisquant ce qu'ils pouvaient avoir de précieux ; on kidnappait pour des rançons, les jeunes filles et même les jeunes garçons étaient régulièrement enlevés sur les routes et violés. Tout le monde avait encore en mémoire l'événement qui avait mis le feu aux poudres en 1994 et lancé le mouvement taliban en gestation larvée depuis la fin des années

1980 dans le Sud-Ouest afghan, lorsque deux chefs *moudjahidin* de clans rivaux, épris du même garçon de quinze ans, avaient mené jusqu'aux faubourgs de la ville une meurtrière bataille de chars pour emporter le giton convoité. Un groupe d'étudiants en religion, appelés « talibans », s'étaient interposés et avaient vaincu ces bourreaux du peuple, s'attirant immédiatement les faveurs de la population. Leur vague avait vite débordé de la région et s'était répandue à travers tout le pays, jusqu'à s'imposer auprès de l'appareil d'État d'Islamabad, en 1996, comme un instrument que l'armée et les services pakistanais croyaient pouvoir canaliser, contrôler et manipuler...

Les Afghans avaient pensé que le mouvement, parlant au nom d'Allah, allait rétablir l'ordre et une conduite vertueuse des affaires. Seuls quelques intellectuels commençaient à se demander si les talibans étaient réellement susceptibles d'incarner une solution, quelques mois après que leur déferlante leur avait donné le contrôle politique de la plus grande partie du territoire, et alors que les premiers signes de leur inféodation aux services pakistanais comme aux *diktat* du dogme wahhabite se faisaient sentir. La répression féroce à l'égard de la classe politique précédente avait aussi troublé les esprits. On n'oubliait pas comment le président Najibullah, ancien dictateur communiste, avait été capturé dès la prise de Kaboul par les talibans au siège des Nations unies où il était réfugié, et conduit à la pendaison sans procès, non sans avoir été préalablement atrocement battu et émasculé.

Mon nouvel interlocuteur avait donc pour principal mérite, si l'idéologie des talibans ne lui faisait pas plus horreur qu'à d'autres, d'avoir été l'un des tout premiers à prendre conscience qu'ils n'allaient pas se conduire comme on pouvait l'espérer, et qu'ils resteraient des marionnettes entre des mains étrangères. Je sus dès le premier entretien que cet homme encore jeune était celui que nous allions désigner pour servir de courroie de transmission entre le roi à Rome et les tribus d'Afghanistan.

C'était Hamid Karzaï.

Il accepta ma proposition avec enthousiasme, et nous nous mîmes d'emblée au travail. Il s'agissait de mettre au point tout un programme de contacts avec les chefs de tribus de l'intérieur comme avec ceux qui avaient émigré, et d'envoyer des émissaires pour transmettre le projet et les convier à rencontrer Karzaï au Pakistan, où il était en exil comme deux millions d'Afghans. Une fois le programme arrêté, nous irions voir le roi à Rome et lui proposerions d'adouber notre initiative, puis nous ferions savoir aux Afghans de l'intérieur avec lesquels il était resté en contact qu'il la soutenait, demandant de la rejoindre.

La première chose à faire était de rendre compte au docteur Holl et de lui présenter Karzaï. L'entretien se déroula de façon satisfaisante, le chef de mission n'étant pas hostile à cette nouvelle perspective alors que nos efforts de pourparlers directs étaient de nouveau enlisés. Cela venait consacrer le succès de la première phase du mécanisme que je souhaitais mettre en place.

Un afghan dans la banlieue de Rome

Je me rendis d'abord à Rome pour y préparer la visite du représentant spécial avec le roi et son entourage. Je connaissais déjà la famille de Zaher Shah, pour avoir servi à Rome, près le Saint-Siège, dans les années 1980, en qualité de secrétaire d'ambassade. Comme j'avais séjourné en Afghanistan entre 1979 et 1981, il m'avait été aisé de nouer, lors de ce séjour, des contacts avec plusieurs membres éminents de la famille royale qui y étaient installés, et en particulier celle du roi Amanullah, dont le père du roi Zaher avait usurpé le trône après sa chute, en 1930. J'étais surtout très lié avec la princesse India, fille du roi Amanullah et de la reine Soraya, avec laquelle je continuais d'entretenir des relations d'amitié depuis mon départ de Rome, de même qu'avec sa fille, la jeune princesse Soraya. India m'avait fait connaître une grande partie de sa famille lors d'innombrables dîners. J'avais par ailleurs reçu chez moi à Rome des membres de l'autre branche de la dynastie royale, à savoir la fille du roi Zaher et son gendre, le prince Abdul Wali, ancien chef d'État-major à l'époque de la monarchie ; mais si je connaissais plusieurs membres de sa famille proche, je n'avais encore jamais rencontré le roi.

Lors de ce voyage à Rome, je fis la connaissance du docteur Zalmay Rassoul, le médecin personnel de Zaher Shah, et aussi son confident et secrétaire, qui allait jouer un rôle politique considérable dans les années consécutives à la chute des talibans, ainsi que du prince Mostapha, petit-fils du souverain, qui après des études au Canada était revenu dans l'entourage du roi à Rome, dans le dessein maladroitement dissimulé de saisir l'occasion qui paraissait se profiler en Afghanistan de remettre la famille royale aux affaires, et surtout de se propulser personnellement sur la scène politique. Cette ambition se trouvait favorisée par la circonstance qu'aucun des fils du roi Zaher ne nourrissait une telle appétence. Je revis à cette occasion les membres de la famille du roi Amanullah, qui me donnèrent quelques précieux conseils, empreints toutefois d'arrière-pensées sur l'opportunité de voir ainsi remise en selle une famille dont ils considéraient qu'elle avait usurpé le trône en saisissant l'occasion de la révolution de 1929 pour se substituer à sa branche cousine.

Ces deux rameaux de la famille royale qui se retrouvaient ainsi exilés dans la capitale italienne formaient un tableau saisissant. Le roi vivait dans une grande villa, à l'extérieur de Rome, dans un quartier cossu, où il disposait d'une domesticité réduite : si je me souviens bien, un cuisinier, un homme à tout faire, une femme de chambre et un chauffeur. Le bruit courait que le roi d'Arabie saoudite lui versait une pension viagère de 50 000 dollars par mois, sur laquelle il lui fallait encore subvenir aux besoins de certains de ses enfants. Ce n'était donc pas une vie mirobolante à la saoudienne, mais ces subsides les plaçaient très loin de la déchéance.

Lorsque je rencontrai le roi Zaher dans sa villa de l'Olgiata, je constatai combien, même en exil, l'atmosphère qui entoure les rois reproduit celle de la cour des bons jours. Ou bien n'est-ce pas plutôt leur entourage qui, par ses complots et ses intrigues, finit par engendrer cette ambiance singulière dont les monarques déchus ne sont souvent que les impuissantes victimes ? Tout était bien protocolaire, et fort peu spontané. Je fus d'abord introduit dans un salon, où je fis antichambre en compagnie de plusieurs membres de la famille royale d'un rang peu élevé, puis dans un autre où se trouvait le roi entouré de son médecin et conseiller, Zalmay Rassoul, ainsi que de son gendre, de l'un de ses fils et d'un cousin. Je commençai par presser le roi de mettre au service de l'Afghanistan tout son prestige resté intact, à un moment où les circonstances politiques rendaient un tel projet enfin concevable. Je finis par émettre l'idée qu'un retour de la monarchie serait peut-être la meilleure solution pour mettre fin aux tourments qui frappaient l'Afghanistan. Elle était, disais-je, le seul ciment susceptible d'agréger ses éléments ethniques et linguistiques si disparates, et l'exil du monarque présentait au moins l'avantage rétrospectif de l'avoir placé pendant deux décennies au-dessus de la mêlée des guerres intestines. Le roi était d'ethnie pachtoune, mais de langue maternelle persane, le persan archaïque des Tadjiks et des Hazaras afghans, ce qui n'était pas sans importance dans la perspective qui était la nôtre de tenter de recomposer le kaléidoscope des éléments de ce pays dispersés par les déflagrations de la guerre.

Ayant fait ses études au lycée Janson-de-Sailly à Paris, où il avait été introduit dans certaines familles de tradition socialiste avec lesquelles il était resté en contact, le roi était un homme aussi simple que distingué. Il estimait sans doute que sa condition lui épargnait tout effort d'élégance, et son sempiternel blouson de cuir paraissait quelque peu décalé. Mais tout en lui respirait la dignité, la modération, la sagesse, ainsi qu'une solide culture. Bien sûr il s'exprimait en français, langue dans laquelle il était le plus à l'aise, et il me dit un jour que jamais il ne lui était arrivé, depuis qu'il était en exil à Rome, de manquer le 20 heures de France 2. Il fréquentait la bibliothèque du Centre Saint-Louis des Français, où il se rendait presque chaque jour, pour lire en paix, et échapper sans doute aux pressions et aux cabales de sa famille. Il n'apprit d'ailleurs jamais vraiment l'italien, ayant pourtant vécu plusieurs décennies à Rome. Me parlant en des termes qui avaient un indéniable accent de sincérité, il se dit d'emblée convaincu que la monarchie ne serait jamais restaurée en Afghanistan, et qu'elle n'était aucunement en mesure, en cette fin de XXe siècle, de représenter une solution politique miracle dans quelque pays que ce soit. Elle appartenait au passé. De plus, il avait officiellement renoncé au trône après avoir été renversé par un coup d'État républicain, et n'avait ni la possibilité légale de reprendre sa parole, ni l'intention de le faire.

Bien qu'assez déçu par ce défaut d'enthousiasme et de confiance en la bonne étoile de la monarchie afghane, je m'efforçai de ne pas le montrer, secrètement persuadé que la restauration monarchique restait une solution politique viable. Je reste aujourd'hui encore convaincu que si les Américains avaient pu comprendre qu'une restauration, que leur conception rigide de la démocratie leur faisait voir comme un anachronisme, était la solution la plus souhaitable pour ce pays singulier, l'interminable chaos qui suivit la chute des talibans après le 11 septembre 2001 aurait pu être évité.

Néanmoins, Zaher Shah était prêt à soutenir notre initiative, d'autant qu'elle émanait des Nations unies, et qu'elle était visiblement portée par un diplomate d'un pays qui lui était particulièrement cher, et il souhaitait être enfin utile à son peuple. Il me pria d'ailleurs de transmettre ses compliments et ses meilleurs vœux au président Jacques Chirac. À chacune de nos rencontres, il martelait ce message : si Dieu lui avait permis de vivre aussi longtemps, c'était pour lui permettre de mourir dans son pays. Il ne connaissait pas Hamid Karzaï, mais il avait très bien connu et apprécié son père. C'était, me dit-il, une famille très estimable. Et puisque cette personnalité était notre choix, il acceptait le principe de le rencontrer pour envisager, comme le souhaitait la mission des Nations unies, une méthode de travail en liaison avec les chefs tribaux.

La voie était libre pour une rencontre entre le représentant spécial et le roi, et pour la mise en place du plan d'action.

De retour à Islamabad, nous nous mîmes tout de suite au travail, Hamid Karzaï et moi-même. Dès lors, le processus que la DGSE allait appeler « le plan Berthault » était lancé. Ce furent d'innombrables déjeuners et dîners ; nous nous rencontrions partout, je lui présentais ambassadeurs et journalistes, mais Hamid Karzaï tint à m'inviter rapidement dans son fief de Quetta, la capitale du Baloutchistan au Pakistan, où son père avait choisi de mener son exil dans une grande villa. Il y avait fait venir depuis les provinces du Sud-Ouest de l'Afghanistan un grand nombre de chefs de tribus. Là, je participai à une soirée extraordinaire, durant laquelle je le vis s'essayer à l'art oratoire devant un aréopage de « Khan » à la mine patibulaire, et que seul un œil exercé pouvait distinguer des talibans. D'autres en revanche arboraient des tenues d'un blanc immaculé qui signalaient les pieux musulmans des confréries soufies, personnages que leur spiritualité plaçait aux antipodes de l'idéologie talibane. D'autres s'auréolaient de tenues de combattants, mais tout le monde avait été prié de laisser sa Kalachnikov au vestiaire.

Je pus constater l'étonnante transformation de Karzaï dans son rôle de rassembleur : il allait puiser les notes les plus basses au fond de sa gorge, comme le font à l'adolescence, par le même réflexe culturel, les hommes de certains pays asiatiques tels les Japonais, tandis que certaines adolescentes, pour leur part, signalent leur féminité en poussant leur organe vocal au maximum de ses aigus. Cet homme délicat troquait son blazer bleu marine à écusson, son pantalon gris perle et ses chaussures de marque anglaises ou italiennes pour l'habit théâtral des chefs tribaux des provinces pachtounes du Sud de l'Afghanistan, paraissant travesti pour l'occasion en tribun des montagnes, en pantalon bouffant, surmonté de son turban, devenu un autre, quelque rassembleur d'espèces hirsutes. Je m'en émerveillais, pensant au dédoublement de la personnalité et au paradoxe du comédien.

L'hôtel Pearl Continental de Peshawar

Nombre de mes entretiens se déroulaient à Peshawar, où j'allais une fois par semaine pour une journée ou deux. L'hôtel *Pearl Continental* m'était devenu une seconde maison, si bien que j'avais fini par trouver très naturelle l'atmosphère si particulière de cet hôtel. Dès l'entrée, un panneau prodiguait des recommandations d'une grande utilité pour l'entretien d'une réputation sans faille : « *Our distinguished guests are kindly requested to deposit their weapons at the cloakroom*[*]. »

Je ne crois pas qu'il y ait jamais eu un hôtel au monde avec plus d'espions au mètre carré, car il n'existait pas vraiment d'autre lieu possible pour se rencontrer où l'air conditionné fonctionne, où il n'y ait pas de coupures d'eau, où la nourriture, tout en étant assez risquée du point de vue de l'hygiène, ne soit pas immangeable. Les « services » pouvaient être sûrs d'y trouver ce qu'il y avait d'intéressant en ville. J'y avais donc table ouverte, tandis que, une table ou deux plus loin, des hommes épiaient mes conversations, notaient le nom de mes interlocuteurs et prenaient des photos.

C'étaient bien sûr des gens de l'ISI[**], un État dans l'État, théoriquement dépendant du Premier ministre pakistanais, mais aussi de services étrangers… Car je si me rendais à Peshawar pour y rencontrer des mouvements afghans qui rêvaient d'un autre régime que celui des talibans, ils étaient bien entendu infiltrés par les services pakistanais. Il eût suffi d'un agent par groupe, mais ils préféraient à l'évidence soudoyer le chef du mouvement lui-même, de sorte que nos conversations se trouvaient presque toujours rapportées. Ils ne se privaient pas non plus d'influencer les décisions de ces groupes, et de leur faire adopter au dernier moment une motion ou une contre-proposition qui venait mettre à bas des semaines d'entretiens préparatoires. Bien sûr, je présentais mes initiatives en liaison avec Hamid Karzaï comme celles

* « Nos chers invités sont priés de déposer leurs armes au vestiaire. »
** ISI : Inter-Services Intelligence Agency.

d'un simple facilitateur de contacts, mais les services pakistanais n'étaient pas dupes et ils surent très vite ce que je tentais de faire.

À force de grenouiller parmi tout ce monde, je finis par les irriter, et reçus plusieurs « messages » destinés à m'en faire prendre conscience.

Je rencontrai un jour un « homme d'affaires » très distingué, fils d'un ancien président de la désastreuse compagnie aérienne nationale du Pakistan, la PIA, que les expatriés appelaient « l'Inchallah Airlines » depuis qu'elle avait introduit dans sa communication sur le déroulé des vols des informations toutes assorties de l'expression *Inchallah.* Ce qui donnait : « Nous atterrirons, si Dieu le veut, dans une demi-heure à Islamabad. » Or Dieu ne le voulait pas toujours.

Un jour, alors que je prenais l'avion de Peshawar pour Islamabad, pour la cinquantième fois peut-être, je montai dans un appareil que je n'avais encore jamais pris et qui paraissait dater de la guerre de Cent Ans. Tout à l'intérieur était tordu, froissé. Mon siège, mal fixé, tanguait. Et quand j'entendis le pilote donner les premières informations de bienvenue et dire *Inchallah,* je fus pris d'une panique subite, suivie d'une irrépressible résolution. Je demandai à sortir immédiatement, et à ce qu'on me rende mon bagage sur le tarmac. Curieusement, les regards à la dérobée que posèrent sur moi les autres passagers n'exprimaient pas d'hostilité. Je ne crois pas qu'ils aient pensé avoir affaire à un fou, plutôt que j'avais eu de la chance de m'en tirer ainsi. De leur côté, ils s'en remettaient à Dieu, comme il se doit. L'avion, cette fois, ne s'écrasa pas. Il ne me restait plus qu'à pester contre moi-même et mon idée de prendre un taxi pour Islamabad, empruntant l'improbable route qui reliait les deux villes et m'exposant à un péril plus grand encore que les avions et les trains pakistanais.

Ce personnage rencontré au *Pearl Continental* et, comme il est dit plus haut, fils d'un ancien président de l'Inchallah Airlines, était de la North-West Frontier Province, zone de non-droit pour l'État pakistanais comme elle l'avait été pour ses prédécesseurs britanniques, et donc un « Pathan », nom donné au XIXe siècle par les conquérants anglais aux tribus pachtounes de cette région à cheval sur l'Afghanistan et le Pakistan, injustement scindée par le plaisir colonial de Sa Majesté britannique d'un trait de plume traçant la ligne Durand.

Nous nous étions parfois croisés à l'hôtel sans avoir été présentés, et il vint un beau matin s'adresser à moi au petit-déjeuner. Il me promit de me faire connaître des zones tribales totalement interdites aux étrangers, où il disait posséder une grande propriété, et où l'armée pakistanaise ne pénétrait pas davantage que l'armée britannique à l'époque du *Raj*. Rien n'était plus dangereux, mais un goût immodéré de l'aventure me fit céder, et je découvris après deux heures de route un incroyable domaine, entièrement fortifié, avec des miradors aux quatre coins. « La propriété, me dit-il, est imprenable. » La maison, d'un luxe inouï, ne comportait aucun de ces meubles opulents qui défigurent la quasi-totalité des maisons de nantis du Maroc au Brunei.

Toute en marbre blanc, elle était meublée en *design* contemporain et décorée d'art moderne. Peu de choses aux murs. Rien de laid, nulle part. Mon hôte me proposa de passer au jardin. Et comme j'hésitais à cause de la chaleur intense : « Vous verrez, c'est très agréable dehors. »

En effet, les terrasses, où nous attend une collation exquise, sont rafraîchies par un système d'air conditionné, seule fois de ma vie où j'aie séjourné dans un jardin rafraîchi par l'air conditionné. Et ce luxe moghol dans un pays où 90 % de la population voit son électricité rationnée chaque jour…

Sur le chemin du retour, mon nouvel « ami » me parle des dangers de cette zone tribale, où les rares étrangers à s'y aventurer avaient parfois péri. Il s'amuse visiblement à me faire peur : « Regardez à gauche : de ces fourrés peut surgir à tout moment une bande qui va vous attaquer. C'est arrivé à un étranger l'an dernier… »

C'était un avertissement de la toute-puissante ISI, que je feignis sur le moment de prendre à la légère, mais que je retins néanmoins. Je ne revis plus mon interlocuteur, qui ne réapparut plus à aucun de mes passages à Peshawar.

Je comprenais combien mes efforts de coordination entre ces mouvements politiques atomisés et instrumentalisés étaient contrariés, en dépit de mon étiquette « Nations unies ». Hamid Karzaï ayant de son côté bien avancé dans ses efforts de persuasion auprès des chefs tribaux de l'intérieur, je finis par abandonner progressivement l'espoir de fédérer les oppositions en exil au Pakistan, et par laisser au seul Hamid Karzaï le soin de gérer notre initiative politique de rassemblement pour la *loya jirga,* désormais sienne.

Pérégrinations d'un fief afghan à l'autre

Outre Peshawar, j'allais souvent en Afghanistan pour des pourparlers ou des missions dans le cadre de l'UNSMA. Nous avions à Kaboul une villa qui servait de maison d'hôtes aux membres de la Mission, au confort rudimentaire et au personnel affligeant. J'entrepris l'impossible tâche de le former, de sorte à ne plus avoir une nourriture infecte, mais sans y parvenir, faute de rester assez longtemps à chaque visite. Un soir, après une semaine de vaches maigres, je décidai de faire la cuisine pour les quelques membres de la Mission présents, et me rendis au marché pour faire les courses, ce qui était assez déconseillé, car des talibans pouvaient s'arroger le droit d'arrêter des étrangers en pleine rue. Les bandes de jeunes ignorants qui patrouillaient partout en ville à la recherche de toutes sortes de proies auraient été bien en peine de comprendre ce que pouvait signifier l'immunité diplomatique. Aller en ville, c'était aussi affronter les mendiants, et en particulier d'innombrables femmes désespérées qui, par milliers, demandaient l'aumône dans le centre-ville. C'était à vous fendre le cœur. Le désespoir, derrière le grillage de leur *burqa,* était palpable à leurs plaintes, à leurs mains jointes, à leurs supplications. Un jour où je me promenais dans une rue du centre, la « Chicken street » des hippies des années 1970, si animée autrefois, sur leur route des paradis artificiels, où les derniers marchands de tapis et d'antiquités n'avaient pas encore fermé boutique, une femme s'était précipitée vers moi en m'implorant, d'un seul mot psalmodié, répété avec force, jusqu'à ce qu'elle finisse par le hurler : Allah, Allah, Allah. Je n'y tins plus, son angoisse ayant résonné au plus profond de moi-même, et lui donnai tout ce que j'avais sur moi ; c'était sans doute une forte somme pour le pays, car elle s'en saisit, la regardant à travers son voile grillagé comme si elle ne parvenait pas à croire à un tel miracle. Je me bornai à lui dire qu'Allah et le Dieu des chrétiens étaient le même Dieu.

Un groupe de talibans approchait et un commerçant qui avait vu la scène m'invita à partir *illico*. La femme aurait pu être en grand danger, et moi aussi en dépit de mon statut diplomatique, si nous avions été surpris en conversation.

Un soir il m'arriva une mésaventure fâcheuse en sortant de courses. Les mendiantes étaient si nombreuses et si pressantes qu'il était parfois difficile de refermer la portière de sa voiture, entravée par tant de mains suppliantes quémandant l'aumône. Je crus l'avoir refermée, avant de me rendre compte qu'une femme courait à la même vitesse que notre véhicule, puis qu'un morceau de tissu avait été pris dans ma portière, et finalement que cette femme, ayant dû abandonner sa *burqa*, s'était retrouvée en jupons 100 mètres derrière nous. Il fallut trouver le moyen de revenir et de lui jeter furtivement son vêtement, car si des talibans l'avaient trouvée ainsi dévêtue, quelles qu'en fussent les raisons, elle aurait risqué d'être battue à mort.

Nous n'allions pas qu'à Kaboul et j'accompagnais parfois le docteur Holl dans ses missions à l'intérieur du pays.

Je garde de Mazâr-e Charîf un souvenir très vif : ville de l'antique province de Bactriane, dont Alexandre le Grand avait épousé une princesse, elle conservait de prestigieux monuments médiévaux. Peuplée principalement d'Ouzbeks, elle était le fief du général Dostom, proche à la fois des Russes et du pouvoir de Tachkent, élément clé de l'Alliance du Nord, et l'un des principaux rivaux du commandant Massoud au sein de cette coalition disparate recréée contre les talibans. Lorsque nous arrivâmes à son quartier général, nous y vîmes, parmi des officiers supérieurs en uniforme, plusieurs femmes qui n'avaient rien de guerrier.

Ce spectacle me remémora celui des amazones de Kadhafi, dont j'avais bien failli être la victime à Alger quinze ans plus tôt. Le gouvernement algérien l'avait hébergé dans une maison d'hôtes qui se trouvait être mitoyenne de la mienne, et quand j'étais sorti de mon salon par la porte-fenêtre, le soir, pour prendre le frais dans mon jardin, elles avaient surgi en sautant par-dessus mon mur, toutes Kalachnikov dehors, et m'avaient mis en joue, formant autour de moi un cercle parfait.

Chez le général Dostom, c'était moins effrayant que les amazones de Kadhafi, mais assez édifiant tout de même. Après les gardes du corps et la soldatesque du rez-de-chaussée, nous franchîmes au premier étage tout un cordon de demoiselles éhontées, aux visages outrageusement fardés, sa secrétaire constituant le bouquet final. Maquillée de manière provocante, avec son décolleté sans fin, elle paraissait tout droit sortie d'un SAS, défi vivant aux talibans et proclamation sans équivoque d'une conception de la laïcité fondée sur la luxure et les plaisirs de la vie. Une antithèse des « fous d'Allah ». Comme nous redescendions l'escalier, je dis en épelant au docteur Holl, qui aimait à échanger en français avec moi et s'amusait à l'occasion de mes gauloiseries, que nous venions de quitter le Saint des Seins.

La visite de Bamiyan ne fut pas moins mémorable. Nous y étions allés pour rencontrer Khalili, le chef du parti Hazara, et voir comment cette composante de la coalition traitait ses prisonniers talibans à la prison centrale de la ville, quelques centaines de détenus entassés sans hygiène. Les discussions ne nous indiquèrent aucune volonté politique de négocier le pouvoir avec les talibans. Le mouvement Hazara, soutenu par Téhéran, ne voulait à aucun prix le maintien d'un pouvoir sunnite extrémiste à Kaboul, et faisait tout pour en venir à bout ; comme le montrait la construction d'un immense consulat général dont les dimensions trahissaient une volonté d'emprise. Le peu d'appétence de nos interlocuteurs pour des pourparlers de paix était bien justifié : ils n'avaient rien à espérer des talibans, qui allaient bientôt déferler sur la région où ils résistaient encore, et les persécuter avec la dernière cruauté. Je me fis photographier devant le grand bouddha de Bamiyan, ignorant que cette photo serait l'une des dernières d'un Occidental au pied de la statue monumentale, que deux ans plus tard j'essaierais de sauver de la destruction, sans succès.

Quelques mois plus tard, les talibans reprirent la province de l'Hazaradjat ; ce fut une nouvelle déferlante rappelant celle que cette région, si prospère au Moyen Âge, avait connue avec Gengis Khan, et dont elle ne s'était jamais tout à fait relevée.

Je me rendis aussi à Kandahar pour y rencontrer le puissant mollah Hassan, gouverneur de la région de Kandahar et proche du mollah Omar, le « commandeur des croyants », qui ne quitta jamais cette ville durant toute la période que dura la férule de l'État islamique. Mais j'eus toutes les peines du monde à visiter cette ville où je n'étais jamais allé, où je voulais voir l'une des reliques les plus saintes du monde musulman, le manteau du prophète, conservé dans la grande mosquée : la foule faisait preuve à l'endroit des rares étrangers d'une hostilité si inquiétante, malgré nos accompagnateurs talibans, que je renonçai à cette visite.

J'y revins quelques mois plus tard pour rencontrer à nouveau le gouverneur, car deux jeunes Français venaient d'être arrêtés et jetés en prison pour s'être trouvés dans une maison où des jeunes filles expatriées qui quittaient Kaboul après quelques mois de mission pour l'ONG française Action contre la faim avaient trouvé aimable de convier les femmes afghanes avec lesquelles elles avaient travaillé. Ils risquaient la pendaison pour cette promiscuité supposée avec des femmes afghanes, il fallait agir vite. Bien que n'étant pas un diplomate français, mais en détachement à l'ONU, je crus pouvoir et devoir agir.

Le fait d'avoir déjà rencontré le mollah Hassan était évidemment très opportun, dans cet Orient où rien n'est possible sans qu'une base minimale ait servi de socle à un semblant de relation. Il me reçut, et me dit que les deux jeunes gens avaient commis un crime irréparable, qu'ils allaient être jugés, et que leur châtiment serait des plus sévères, sans doute la mort. Je répondis qu'ils étaient chez eux dans la maison d'hôtes où s'était tenue la réception ; où auraient-ils pu aller pendant cette innocente réception tenue en leur résidence, à laquelle ils ne s'étaient d'ailleurs pas même joints ? Peu à peu, je fis fléchir mon interlocuteur, et je sentis que j'avais gagné quand je lui dis que mon gouvernement ne me pardonnerait pas de n'être pas parvenu à obtenir la clémence de l'État islamique, que je côtoyais au quotidien. J'allais bientôt reprendre notre mission diplomatique, et j'avais besoin de son aide pour m'aider à endosser ces responsabilités dans les meilleures conditions. Nous parlâmes de religion, et je lui citai des passages du Coran sur la clémence et des exemples de commisération tirés de la vie du prophète. Nous nous quittâmes « bons amis », après une bonne heure de discussion, et le lendemain, il me fit savoir avant mon départ que les deux garçons allaient prochainement être libérés. En Orient, tout doit être personnalisé, y compris les négociations. C'était une donnée que j'avais parfaitement intégrée, et dont j'allais faire bon usage au cours de ma carrière.

Ils furent libérés en effet quelques jours plus tard, et j'éprouvai une grande satisfaction d'être parvenu à ce succès, qui venait contrebalancer mon sentiment d'impuissance devant l'incapacité de notre mission onusienne à ouvrir les voies d'un règlement politique en Afghanistan.

Ma mission d'une année touchait à sa fin, elle avait été bien remplie, le moment était venu de prendre la direction de l'ambassade de France à Kaboul.

3.

1998-1999

Chargé d'affaires à Kaboul, depuis Paris

En prenant mes fonctions de chargé d'affaires à l'ambassade de France à Kaboul, je quittai le Pakistan pour m'installer au bureau des ambassadeurs itinérants, rue La Pérouse, dans l'ancien hôtel *Majestic* que le Quai d'Orsay avait récupéré après l'occupation allemande, y installant ses services administratifs à la va-comme-je-te-pousse. Il a depuis retrouvé son lustre de grand hôtel, après avoir été vendu il y a quelques années pour une bouchée de pain. À l'époque, plusieurs collègues ambassadeurs y géraient leur ambassade depuis Paris, en raison de contraintes particulières liées à leur poste, effectuant depuis la capitale française de fréquentes missions dans leurs pays respectifs, ainsi que dans les pays limitrophes si la situation politique l'exigeait. Soit on avait jugé que les conditions de vie ne permettaient pas d'entretenir une ambassade de plein exercice – ce qui était le cas de la Mongolie, à une époque où l'on n'imaginait pas que ce pays allait devenir le « dragon » d'aujourd'hui –, soit on craignait qu'une présence permanente soit perçue comme un signe de reconnaissance. L'Afghanistan et l'Érythrée se trouvaient correspondre aux deux cas de figure. L'idée s'était naturellement imposée que l'ambassade de Kaboul ne saurait être dirigée par un ambassadeur de plein exercice, alors que les talibans étaient accueillis par la communauté internationale avec la plus grande circonspection et qu'aucun pays occidental n'y entretenait d'ambassade. J'avais donc été nommé avec le titre de « chargé d'affaires », mais avec les mêmes attributions, les mêmes prérogatives et le même traitement qu'un ambassadeur.

J'avais maintenu durant mon année de détachement aux Nations unies une relation étroite avec le Quai d'Orsay, qui n'ignorait pas mes initiatives politiques. Je découvris bien vite que personne n'y avait une idée bien claire de la situation, en dépit des informations que j'avais fait passer par notre ambassadeur à Islamabad sur la crise afghane et de mes efforts sous l'égide des Nations unies, en liaison avec le roi Zaher et Hamid Karzaï. Il convient de dire que depuis des années, les télégrammes, devenus innombrables au fil du temps, ne sont plus lus par nos hauts fonctionnaires, qui attachent souvent plus d'importance à ce qu'ils lisent dans la presse nationale, qu'elle soit ou non bien informée de la situation sur le terrain, qu'à ce qu'écrivent leurs diplomates, même lorsqu'ils sont compétents. L'Afghanistan, surtout, était le prototype même de « l'Orient compliqué », personne dans les chancelleries occidentales, pas plus en France qu'ailleurs, ne sachant sur quel pied y danser, et l'on comptait donc beaucoup sur la connaissance du terrain qui m'était désormais reconnue.

Je n'eus donc pas beaucoup de difficultés à imposer mon point de vue sur la façon dont j'allais concevoir ma mission, au point que la « Direction Asie », dont je dépendais, me suggéra de rédiger moi-même les instructions qu'elle devrait solennellement formuler à l'occasion de la réunion « d'instructions » qui accompagne la nomination d'un chef de poste.

« Tu connais tout cela mieux que personne. Rédige tes instructions, et on modifiera dans la marge, s'il y a lieu. »

Je pus ainsi y glisser, à côté de l'évidente attention que nous devions apporter tant à nos ONG qu'à la défense des Droits de l'homme, et à l'examen de la situation intérieure et diplomatique du pays, l'importance de soutenir les efforts en direction d'un règlement politique, indépendamment des négociations directes entre belligérants. J'avais compris qu'à Paris on voyait mon entreprise avec Hamid Karzaï sans hostilité mais sans grande passion non plus, que l'on n'aurait pas trop souhaité me voir placer au sommet de mon agenda des initiatives « à la Lawrence d'Arabie », et qu'il m'appartenait de présenter mes ambitions de façon édulcorée. J'avais toute latitude pour envisager mes déplacements en Afghanistan et dans la région en fonction de ce que je jugerais opportun. Par un arrangement comptable plutôt biscornu, il avait été convenu que j'aurais tout loisir d'utiliser mes frais de représentation, laissés intacts malgré un contexte local peu propice à de telles dépenses, pour couvrir à ma guise mes dépenses de voyage. Dès lors, mes instructions me donnaient le champ libre *urbi et orbi* et, en dépit de la distance depuis Paris, je pourrais poursuivre le travail entamé depuis un an, à savoir tout faire pour aider à promouvoir un rassemblement national en Afghanistan, ou tout au moins à restaurer l'espoir d'y parvenir.

Être basé dans la capitale française présentait par ailleurs l'avantage de pallier le déficit que j'avais accumulé lors de mon séjour d'un an à l'UNSMA dans ma recherche de contacts politiques auprès de l'Alliance du Nord, les contacts avec cette importante faction étant rendus malaisés par l'implantation de l'UNSMA au Pakistan et à Kaboul. L'ambassade d'Afghanistan à Paris était tenue par les partisans de Massoud, et j'entrepris de développer une relation suivie avec le chargé d'affaires de l'ambassade d'Afghanistan et avec les autres envoyés de Massoud dans le monde.

Mes instructions stipulaient l'entretien de relations avec toutes les parties au conflit et avec tous les protagonistes susceptibles d'apporter leur contribution à la paix. Mais la seule chose qui importât vraiment à Paris était que mon dialogue avec les talibans permette de cultiver assez d'influence auprès d'eux pour agir utilement en cas de crise avec nos ONG, qui représentaient la moitié de la population occidentale employée à l'aide aux populations. En filigrane, on comprenait l'obsession du gouvernement français, bien légitime, de prévenir la prise d'otages ou la condamnation arbitraire de ses ressortissants. Je savais que pour être utile, il allait falloir personnaliser les relations avec les membres du gouvernement de Kaboul, y compris les plus extrémistes, et qu'il faudrait avancer en permanence sur une corde raide.

Le docteur Abdullah Abdullah

Le ministre des Affaires étrangères du Front uni, et en fait du commandant Massoud, qui deviendrait bien plus tard, après la chute des talibans, « chef de l'Exécutif » de la République islamique d'Afghanistan, s'arrêtait longuement à Paris à chacune de ses tournées en Europe. Pendant un an et demi, nous nous rencontrâmes pour un déjeuner, dont la teneur était soigneusement préparée par le chargé d'affaires de l'ambassade d'Afghanistan à Paris. J'avais d'abord été surpris par l'extrême élégance, un peu ostentatoire, du personnage, ses cravates Hermès, ses chaussures de chez Lobb, ses costumes un peu trop Smalto, ses boutons de manchettes et ses pochettes en soie. Cette panoplie de signes extérieurs de richesse ne cadrait pas tout à fait avec la rude image d'Épinal que Massoud donnait de son combat, pas plus qu'avec la condition misérable des populations soumises à l'autorité des diverses factions du Front uni, et entrait en flagrante contradiction avec la rusticité des mœurs des combattants *moudjahidin* qu'elle aurait dû incarner. À ce détail près, l'homme, intelligent et charmeur, avait indiscutablement de l'allure, rehaussée par un anglais très fluide et un discours structuré, parfaitement convaincant. Le premier mouvement de surprise passé, et balayée cette première question qui m'était venue à l'esprit, « mais d'où vient l'argent ? », je m'étais habitué au personnage, dont j'avais fini par trouver la fréquentation agréable et la conversation précieuse. Nous étions devenus des partenaires plutôt confiants.

Arrivant à l'un de nos déjeuners parisiens, le docteur Abdullah voulut me montrer en quoi la France était une étape incontournable de chacun de ses périples à travers le monde. Sortant de sa sacoche un dossier : « Voici tous les articles de presse parus sur notre cause et sur le commandant Massoud depuis ma dernière tournée en Europe, il y a trois mois. Vous voyez, le dossier est divisé en deux. La partie la plus volumineuse, ce sont les articles de la presse française, et la chemise toute mince contient les articles du reste de la presse européenne. Autant dire que votre pays est pour nous l'allié le plus précieux. C'est en tout cas ce que paraît refléter votre opinion publique, si le gouvernement français, en revanche, ne nous apporte pas tout ce que nous attendons. »

Bien sûr, il s'inquiétait des menées des talibans en direction des pays européens, et du maintien par mon truchement de nos contacts diplomatiques avec l'Émirat islamique. Je le rassurai en lui tenant un discours au fond très voisin de celui que je m'apprêtais à tenir à ses ennemis : la nécessité de maintenir un dialogue, la recherche de la paix, etc. Mais je sentais bien que cela ne suffisait pas et que mon interlocuteur aurait voulu plus de « preuves d'amour » que nous n'étions disposés à en donner. Aussi l'aidai-je un jour à accéder à l'Assemblée nationale, où il fut auditionné grâce à mon entremise auprès de certains députés.

Quand le mouvement en direction de la *loya jirga* fut sur sa trajectoire de lancement, je partageai certaines de mes informations et analyses avec le docteur Abdullah, dont la réaction, comme je m'y attendais, fut peu enthousiaste. Je fis valoir que cette initiative était de nature à fédérer les aspirations populaires autour d'un projet qui n'intégrerait pas la guerre comme modèle de règlement des différends, et où le commandant Massoud aurait évidemment sa place, en tant que *leader* reconnu d'une des factions en conflit. La guerre n'avait-elle pas assez duré ? Mais le fidèle de Massoud ne l'entendait pas ainsi. La seule logique qui prévalût dans son camp était celle de la conquête par les armes, donc de la loi du plus fort, moteur de Massoud depuis près de vingt ans et qui avait fini par devenir sa seule raison d'être. D'autre part, le retour du roi dans le jeu politique le dérangeait beaucoup, non qu'il eût des faits à lui reprocher, mais parce qu'il estimait que l'ancien souverain n'avait rien fait pour son peuple à l'agonie. (Mais comment, depuis Rome, l'eût-il pu ?) Enfin, l'irruption sur la scène politique de M. Karzaï paraissait incompréhensible à des gens pour lesquels seule la guerre et son issue définissent les dirigeants de demain. Ce fut notre premier désaccord, et je compris qu'il était insurmontable ; aussi ne lui fis-je pas savoir que j'avais été le principal artisan de ce mouvement, ce qui aurait sans doute pesé sur la poursuite de notre dialogue.

Retrouvailles avec l'ambassade de Kaboul

Deux mois après ma prise de fonctions en tant que chargé d'affaires, j'effectuai ma première mission à Kaboul, non sans m'être arrêté à Islamabad pour y rencontrer Hamid Karzaï, avec lequel je m'entretenais très fréquemment au téléphone et qui venait régulièrement me retrouver à Paris, où il avait pris ses habitudes au *Hilton*. Pour se rendre dans la capitale afghane, il n'y avait pas de liaison aérienne régulière autre que celle de la compagnie nationale afghane Ariana, considérée comme l'une des moins sûres au monde, et dont plusieurs appareils s'étaient écrasés durant les années talibans. Aussi les humanitaires qui voulaient se rendre en Afghanistan devaient-ils emprunter depuis le Pakistan les petits avions des Nations unies ou de la Croix-Rouge, qui partaient généralement de Peshawar, et il leur était rigoureusement interdit d'emprunter les vols d'Ariana. J'avais récupéré à Paris l'officier de sécurité français qui m'avait été affecté, et qui m'accompagna durant les deux années suivantes à chacun de mes déplacements en Afghanistan. Roger Oria était un policier émérite, tireur d'élite et brigadier-chef. Il quittait à chaque fois son commissariat de police à Grenoble pour venir me rejoindre au Pakistan avant mes missions à Kaboul. À cette époque, ayant été nourri au lait d'une administration où beaucoup considéraient encore que les cadres n'étaient pas censés se servir d'un ordinateur, puisqu'il y avait à l'époque des secrétaires en pléthore pour cela, j'étais totalement incompétent en informatique, ce qui avait un peu compliqué ma mission aux Nations unies, où tout le monde tapait ses « papiers », sauf le chef de mission et moi-même, et j'exposai cette situation à Roger. De passage à Islamabad, je pourrais toujours recourir aux services d'une secrétaire qui m'avait été affectée à l'ambassade, et j'en avais aussi une au bureau des ambassadeurs itinérants à Paris. Mais comment faire à Kaboul ? Il fallait que Roger accepte de taper mes télégrammes, car nous étions les deux seuls Français à l'ambassade ! Ce fut ma première demande, acceptée sans sourciller, avec une rassurante bienveillance.

Nous voici donc arrivés à l'ambassade, que j'avais revue lors d'une de mes missions de l'ONU, mais trop rapidement pour de vraies retrouvailles. C'était l'hiver, et elle était couverte de neige. Je retrouvai les membres du personnel local, que j'avais connus tout jeunes eux aussi, presque vingt ans plus tôt, devenus des vieillards aux longues barbes blanches. Car en Afghanistan, on vieillit vite, et plusieurs d'entre eux avaient connu de grands malheurs : des blessures quand l'ambassade avait été bombardée, la perte d'un fils recruté lui aussi à l'ambassade, des familles meurtries et dispersées. Je fus frappé par leur noblesse, leur dignité, les ravages d'une vie difficile sur leurs visages, j'étais ému. Je voulus tout voir, et commençai par le bunker, dont mon prédécesseur avait fait la principale pièce de la mission diplomatique. Il avait été construit au début de la guerre civile par une ONG française qui avait accédé obligeamment à une demande pressante du chargé d'affaires de l'époque, quand il était devenu évident que les ambassades n'allaient pas être épargnées. On descendait par une trappe, puis un escalier de béton conduisait au sous-sol, où se trouvait un minuscule bureau, avec tout l'équipement informatique permettant d'adresser les télégrammes au ministère et à nos ambassades, et une pièce de survie, où se trouvaient des lits superposés, et une table basse. Une petite réserve contenait des bouteilles d'eau et des rations de combat de l'armée française, à quelques semaines de leur date de péremption. Il y avait sur des étagères une bonne partie de la littérature française dans la collection de la Pléiade.

Tout pouvait donc arriver…

On testa aussitôt le matériel de communication. Il était en état de marche.

On se sentit vite en sécurité dans ce souterrain, où je rédigeais mes télégrammes l'après-midi après les rendez-vous, jusqu'à ce qu'un jour, alors que Roger et moi travaillions à les mettre en forme et à les envoyer, un tremblement accompagné d'un grondement épouvantable se fît sentir. Les piliers en béton bougeaient très fort, nous étions tétanisés au point de ne pas oser nous diriger vers l'escalier. Il est vrai que le bunker était censé avoir été construit à l'épreuve des tremblements de terre. Je ne souhaite à personne d'être à 5 mètres sous terre quand se produit un séisme. J'en ai vécu de très nombreux, dans toutes les terres de feu où ma carrière m'a conduit, mais n'ai jamais ressenti une sensation si étrange et inquiétante, car aux tremblements s'ajoutent des grondements beaucoup plus perceptibles qu'en surface. J'appris des années plus tard que le bunker avait été condamné définitivement, une entreprise de travaux publics ayant conclu qu'il n'avait « pas été construit à l'épreuve des tremblements de terre » et qu'il « était voué à s'écrouler à la première secousse »…

L'ambassade, restée inhabitée depuis des années, était dans un état de grande saleté mais, le chauffage central de la résidence ayant été remis en service, j'estimai pouvoir m'y réinstaller. Il fait très froid durant de nombreux mois à Kaboul, sis dans une vallée à 1 800 mètres d'altitude, entourée de hauts sommets enneigés.

Je me précipitai dès le premier jour dans la pièce où avait été stockée la bibliothèque de la Délégation archéologique française en Afghanistan, des milliers d'ouvrages qui en faisaient sans doute la collection de livres la plus complète au monde sur ce pays et ceux d'Asie centrale, d'Asie du Sud et du monde persan et mésopotamien, qui n'avait cessé d'être patiemment nourrie depuis l'ouverture de la Mission française dans les années 1920, et qui comportait des trésors de livres épuisés, introuvables. J'ouvris plusieurs des cantines où la bibliothèque reposait, loin de ses rayonnages, en attendant des jours meilleurs. Les livres paraissaient ne pas avoir trop souffert de l'entreposage. Le personnel me jura ses grands dieux qu'aucun ouvrage n'avait été dérobé, et ce me fut un grand soulagement. Désormais, j'allais, comme mon prédécesseur, veiller sur ce trésor comme un dragon. C'était miracle qu'il ait survécu à tant de guerres, et échappé à la rapacité de toutes les factions corrompues qui s'étaient succédé au pouvoir dans la capitale afghane et qui en avaient heureusement ignoré la valeur.

Il fallait tout remettre en ordre, c'étaient un peu les écuries d'Augias. La maison était à l'image du pays, sens dessus dessous. Je m'employai en priorité à rassembler les pièces de mobilier les plus cohérentes, de sorte à aménager des pièces de réception à peu près convenables. Car je voulais redonner en priorité au bénéfice de notre communauté d'expatriés la rassurante illusion d'une maison de la France un peu accueillante.

Mais je n'avais encore jamais vu une résidence diplomatique aux meubles aussi vilains. Certes, on avait récupéré, à l'inauguration de l'ambassade par le Premier ministre Georges Pompidou en Mai 68, du mobilier de *designers*, mais tout cela coexistait avec du faux Louis XV recouvert de tissus flétris et fanés et, çà et là, le mobilier début vingtième d'un prince de la famille régnante auquel la France avait acheté le terrain avec sa maison meublée. On n'avait pas osé jeter les meubles de salon, des sièges en bois trop sculpté aux formes baroquisantes recouverts d'un velours caca d'oie. Que faire? On avait besoin de sièges, et le ministère n'aurait jamais envoyé une mission de décorateurs dans un tel contexte politique. D'ailleurs cela valait mieux, car nombre d'entre eux se sont ingéniés, depuis plusieurs décennies, à vandaliser nos résidences au gré d'humeurs et de « tendances », parfois dévastatrices. Quand on arrivait dans une ambassade où les tentures faisaient alterner, sous tous les climats et dans tous les styles d'habitation, le bleu électrique et l'orange, on se disait: « Elle est passée par ici! » Il s'agissait de Madame de Roquette-Buisson, une femme délicieuse, avec laquelle je me souviens d'avoir eu grand plaisir à converser lors d'un dîner d'ambassade,

Dieu sait où. Il n'empêche que chacun de ses passages dans nos établissements diplomatiques évoquait le sillage de Gengis Khan. Il y a fort à parier que, la crise aidant, on trouve encore en quelque ambassade oubliée dans un pays du tiers-monde la trace d'une invasion électrique bleue et orange, tous lieux où les couleurs pastel ne repousseront jamais.

Ce mobilier hérité du prince n'avait aucune valeur, on n'en aurait pas tiré 20 euros à Drouot. Je décidai de me divertir un peu, incongruité à Kaboul, j'avisai le grand canapé et, après avoir longuement hésité entre un jaune canari ou un rose, j'optai pour le rose bonbon en laissant le siège recouvert de son tissu caca d'oie.

J'appris des années plus tard que les visiteurs demandaient parfois qui avait pu réserver un tel traitement à ce malheureux meuble, et mes successeurs durent parfois s'excuser du mauvais goût d'un lointain prédécesseur : on me le rapportait parfois, et j'en éprouvais une satisfaction perverse et gourmande.

Grâce aux talents de bricoleur de Roger, désormais proclamé réparateur en tout genre, on réussit à faire fonctionner le matériel cinématographique, qui datait de Mathusalem, mais qui avait le mérite d'exister. Je savais que le précédent chargé d'affaires organisait une séance de cinéma à certains de ses séjours. C'était une excellente idée, à cultiver. Le stock était très ancien, les films peu attrayants, et le projecteur et les bobines en si mauvais état que ce fut à chaque fois une gageure que d'organiser des séances de cinéma. Nos expatriés trouvaient toujours à redire : les films étaient trop vieux, le choix n'était pas judicieux, etc. Il faut dire que j'avais eu pour commencer la malencontreuse idée de projeter un film beau, mais terrifiant, sur la guerre de 1914-1918, ce qui n'était pas la meilleure idée qui fût dans le lugubre contexte de ce pays en guerre. C'était aussi l'un des moins mauvais films d'un stock très « Louis de Funès ». Je n'appris rien de nouveau sur le mécontentement de nos compatriotes, n'ignorant pas que nos communautés à l'étranger sont rarement satisfaites des efforts, même exceptionnels, que l'on peut entreprendre pour leur être agréable.

Dans la journée, tout le temps que je ne passais pas en entretiens, nous le vivions, Roger et moi, dans le bunker, seule pièce équipée de moyens informatiques. J'y rédigeais mes télégrammes de comptes rendus, après avoir vu les talibans, mais aussi toutes les agences de l'ONU, nos ONG, et tout ce qui traînait en ville. Au bout d'une journée ou deux, j'avais pris la température du moment, fait le point sur la situation militaire, vérifié si mes informations précédemment récoltées au Pakistan, temple de la désinformation, pouvaient être validées ou non. Le soir nous allions au bar de l'ONU à la pêche aux informations de terrain, car on y trouvait toujours deux ou trois personnes qui revenaient de missions en province et qui me donnaient la température des divers fronts. C'était aussi un lieu idéal pour les *fake news,* truffé d'espions à la solde des diverses puissances protagonistes qui venaient y distiller leurs informations empoisonnées. Il fallait donc passer au crible les renseignements qu'on y récoltait parmi les vapeurs d'alcools ayant depuis longtemps passé leur date de péremption.

Premiers déjeuners avec les talibans

Ayant commencé par solliciter des rendez-vous protocolaires, comme le fait tout chef de poste dans n'importe quel pays, je commençai par le degré le plus haut, celui du mollah Omar, tout en sachant que ce niveau de rencontre n'allait pas m'être accordé. Cette fin de non-recevoir n'avait rien de surprenant, dans la mesure où je me trouvais à ce poste sans lettres de créance, et donc comme le représentant d'un pays qui se refusait à nommer un ambassadeur de plein exercice. Les Pakistanais avaient donc suggéré de me faire interdire ce niveau de contact, et le mollah Omar n'avait sans doute pas eu besoin de se faire prier, car il n'avait pas la moindre envie de recevoir les « infidèles », quels qu'ils fussent. De plus, si Massoud s'était replié sur un territoire qui ne représentait guère plus du dixième du pays, il avait gardé sa mainmise sur les ambassades afghanes de certains des pays les plus influents du monde : Londres, Washington, Paris, Moscou,

Rome, ainsi que les représentations permanentes afghanes auprès de l'ONU à New York et à Genève. Ce qu'ignoraient mes interlocuteurs, qui voyaient d'un très mauvais œil cette ambassade de Paris aux mains de leurs ennemis, c'est que nous avions bien failli la fermer, le ministère des Affaires étrangères estimant que ce maintien faisait peser des risques de sécurité sur nos ONG et sur moi-même, mais que j'avais plaidé avec succès, fort de l'hésitante posture de notre diplomatie, pour conserver cette ambassade au camp de Massoud. Mes interlocuteurs étaient donc fondés à me dire que notre conduite témoignait à l'évidence de notre soutien à Massoud, sans compter qu'ils prétendaient disposer de renseignements concrets sur « l'aide » que nous lui apportions.

En ce début de 1998, les talibans étaient au pouvoir à Kaboul depuis presque un an et demi, ils avaient conquis la plus grande partie du pays et la quasi-totalité des grandes villes. Seuls leur résistaient encore les Hazaras et les forces inféodées au commandant Massoud. Lors de ces conquêtes, d'intolérables manquements aux droits humains avaient été perpétrés par leur déferlante, de sorte que passé le moment de stupeur qui avait marqué leur prise de Kaboul, suivi d'un court moment d'espoir, partagé par plusieurs diplomaties, sur leurs desseins, voire leur capacité de faire revenir la paix dans ce pays martyrisé, plus personne n'avait eu de doute sur la cruauté dont ils étaient capables. Je n'en avais pas davantage. Il fallait les aider à prendre conscience de leurs errements, et donc discuter avec eux, inlassablement, et les engager.

J'avais compris dès cette période qu'ils ne formaient aucunement un bloc homogène, et que s'il y avait parmi eux des éléments irrécupérables, la majorité étaient des fondamentalistes beaucoup plus raisonnables, voire pragmatiques, qui étaient bien obligés de composer avec la ligne du moment, comme il arrive dans toutes les révolutions, et dans tous les régimes totalitaires. Certains d'entre eux, enfin, étaient tout simplement des opportunistes, qui suivaient le mouvement comme les cantinières suivent les armées. Un nombre très limité d'observateurs partageaient avec moi cette analyse. Aucun diplomate en tout cas, et donc aucune chancellerie. La presse, pour sa part, disait « les talibans » sans autre forme de procès, et nul ne se préoccupait d'étayer sa réflexion d'une analyse plus fine, à une ou deux exceptions près, s'agissant de la presse française. En particulier, Françoise Chipaux, correspondante du *Monde*, paya ses analyses pertinentes et nuancées par les commentaires vengeurs de ses lecteurs, et *in fine* son éviction du dossier afghan par sa rédaction. J'étais donc persuadé, parce que je le voyais, que la grande majorité des membres du gouvernement étaient plutôt des conservateurs modérés, qui se seraient tout à fait accommodés d'un islam certes rigoriste, mais bien éloigné du pire extrémisme.

Cette analyse était partagée par une poignée de personnes, en particulier par l'architecte sud-africain Jolyon Leslie, qui dirigeait le PNUD* à Kaboul et qui coordonnait à ce titre l'ensemble des activités des agences des Nations unies, accomplissant à ce titre un travail extraordinaire, avec autant de doigté que d'intelligence. Il était bien placé pour percevoir la complexité de la nébuleuse. À Paris, on peinait à comprendre mes distinguos, que l'on prenait au mieux pour des arguties, au pire pour le malheureux effet d'un syndrome de Stockholm. Il fallut en vérité des années pour que la communauté internationale prenne conscience du caractère composite du mouvement taliban. Plus personne ne s'insurgerait en 2021 contre l'utilisation de l'expression honnie : « taliban modéré », désormais au centre de la réflexion de toutes les chancelleries, à un moment où malheureusement les talibans reviennent en force dans le jeu politique, et militaire, de l'Afghanistan : le concept est désormais à la mode.

Le mollah Moutawakil, parangon du taleb modéré

Le mollah Moutawakil était le ministre des Affaires étrangères de l'Émirat islamique et, après avoir rencontré plusieurs de ses adjoints, en particulier le mollah Stanikzaï, j'obtins assez rapidement un rendez-vous avec lui. Il appartenait au petit nombre

* Programme des Nations unies pour le Développement.

des hauts responsables talibans que j'avais croisés lorsque j'étais à l'UNSMA, ce qui aidait à l'établissement d'un dialogue; alors qu'ils n'avaient été en contact qu'avec un nombre très restreint de visiteurs étrangers, je faisais déjà partie de leur paysage. Il était intelligent et pragmatique, et je pus m'entretenir avec lui sans interprète car son anglais était articulé. Lors de la première réunion, je lui exposai que nous n'allions pas reconnaître l'Émirat islamique, et que notre doctrine n'exigeait pas que nous le fassions puisque nous reconnaissions les États, et non les gouvernements. Nous avions pris acte de cette réalité que les talibans avaient pris le pouvoir, de même que nous l'avions fait lorsque le régime communiste avait renversé la république. Nous ne l'avions pas reconnu, mais nos relations avec le pays, désormais incarné par lui, avaient été maintenues *de facto*.

« Mais vous êtes ici en qualité de chargé d'affaires, et non pas d'ambassadeur, ce qui semble bien signifier que votre gouvernement ne veut pas entretenir de relations diplomatiques normales avec nous ! »

Je répondis que si je tenais aujourd'hui à leur parler, c'est que la France était un pays ami de l'Afghanistan. C'est pourquoi nous avions voulu jouer un rôle au sein de la mission de l'ONU, car ce que nous appelions de nos vœux pour ce pays ami, c'était qu'il retrouve la paix. Ce qui signifiait que nous devions parler avec tous les protagonistes. Je me souviens d'avoir ajouté : « N'attendez pas de nous que nous prenions parti pour l'un ou l'autre camp. Je compte parler avec vos ennemis exactement de la même façon que je discute avec vous, et j'espère qu'ils l'admettront autant que vous le voudrez bien vous-même. »

Il maintint que mon argumentaire était tout de même difficilement tenable, et qu'il peinait à se laisser convaincre : comment pouvais-je prétendre à l'impartialité alors qu'à Paris, les ennemis des talibans dirigeaient l'ambassade afghane, sachant que les talibans contrôlaient 90 % du territoire national ? Sans compter les renseignements qui leur parvenaient, faisant état d'une aide militaire française à Massoud.

Je remarquai qu'il était de notoriété publique que les équipements du Front uni étaient tous issus des anciens stocks soviétiques hérités des gouvernements communistes, comme ceux des talibans d'ailleurs. La France n'ayant pas d'implantations militaires dans les pays limitrophes du Nord de l'Afghanistan, nos bases militaires les plus proches se trouvaient sur le Continent africain ou dans l'océan Indien (nous n'avions pas encore à l'époque notre base aux Émirats arabes unis), et nous n'aurions donc pas eu les moyens logistiques d'envisager une aide militaire si d'aventure nous l'avions souhaité, ce qui n'aurait pas correspondu à la posture de paix que nous observions vis-à-vis du pays. Je l'assurai que je tenais le même langage à Massoud, qui s'irritait de ma présence à Kaboul, autant que les autorités de Kaboul s'inquiétaient du maintien de son ambassade à Paris. Et j'ajoutai qu'il ne fallait pas exagérer la portée de cette implantation parisienne, réduite à sa plus simple expression, et qui n'avait quasiment aucune influence et fort peu de contacts avec les autorités. Cette mission était à Paris ce qu'étaient toutes les autres ambassades afghanes en Europe, de simples bureaux de représentation restés fidèles à Massoud. La France était la seule à conserver un chef de mission diplomatique à Kaboul, qui discutait avec les autorités. La seule chose qui comptait pour nous était d'œuvrer au retour de la paix.

Je l'invitai à déjeuner à la résidence quelques jours plus tard, et il accepta. Ce fut un moment agréable et détendu, je sentis que le dialogue était enclenché pour de bon.

« Allez-vous continuer à faire la guerre pendant cent ans? N'a-t-elle pas assez duré? lui dis-je. Nous sommes à votre disposition pour tout effort de paix, et le dialogue que nous entendons poursuivre avec toutes les parties au conflit nous place dans une situation de médiateur potentiel dont vous pourriez apprécier l'intérêt, au lieu de pointer vers la France un doigt suspicieux. »

Si ce discours ne convainquit jamais totalement mon interlocuteur, il l'ébranla. Dans la situation d'isolement diplomatique grandissant où se trouvaient les talibans, qui commençaient à inquiéter sérieusement le monde par leurs violences et leur déraison, leur ministre des Affaires étrangères se disait sans doute qu'il n'avait rien à perdre en feignant de se prêter au jeu, et l'entretien se poursuivit de façon cordiale, portant en particulier sur nos ONG, nombreuses à Kaboul. En conclusion, nous convînmes de nous revoir. J'étais parvenu à ce que je voulais : la préservation du dialogue, qui allait me permettre de poursuivre sur la voie de la *loya jirga* par la recherche d'une solution pacifique globale au conflit. L'affaire paraissait dans le sac, et en effet le mollah Mottawakil revint plusieurs fois à l'ambassade pour y déjeuner.

Fort de ces premiers résultats, je décidai de rencontrer les principaux membres du « gouvernement », en commençant par les ministres avec lesquels il y avait matière à conversation, car il me fallait des prétextes d'affaires techniques à traiter pour espérer les entreprendre.

Le mollah Abbas, ministre de la Santé

Le mollah Abbas, en charge de la Santé, mais aussi l'un des principaux chefs du mouvement, était un homme d'une quarantaine d'années, grand, fort, effroyable. Cette armoire à glace avec son immense barbe noire et son impressionnant turban, propre à épouvanter les petits enfants, paraissait sortir tout droit des contes de Perrault. Il me reçut d'emblée avec affabilité. Il voyait fréquemment des ressortissants français, car nombre de nos ONG jouaient un rôle essentiel dans la santé publique, fournissant médicaments et assistance médicale. Je le connaissais depuis ma mission à l'UNSMA, ce qui aidait au contact dans mes nouvelles fonctions de diplomate « bilatéral ». Passant en revue la situation de nos ONG, je lui demandai quels étaient les besoins les plus urgents de l'administration pour mieux soulager les souffrances du peuple afghan, et il m'exhorta à œuvrer pour une coopération et une aide financière accrues dans ce domaine. Je répondis que notre aide passait déjà par les ONG, et que nous attendions d'abord des services de l'État afghan qu'ils facilitent le travail de ces organisations non gouvernementales au lieu de leur mettre des bâtons dans les roues. Il était hors de question de donner un sou au régime taleb, mais je me gardai d'opposer une fin de non-recevoir, car nous restions très désireux de venir en aide à la population, à condition que ce fût par ONG interposées.

Évoquant les diverses organisations françaises, il me parla d'« Action contre la faim », qu'il prononçait « action contre la femme », ce qui me fit rire. J'en profitai pour lui faire remarquer qu'une telle organisation, si tel avait été son nom, n'aurait guère eu de chance de prospérer dans un pays comme la France. Et que nous serions plus ouverts au renforcement de la coopération bilatérale si nous pouvions justement observer des progrès dans le traitement réservé aux femmes, qui, outre le déni d'accès à l'éducation qui leur était opposé, n'avaient pas accès aux soins depuis que la plupart des femmes médecins avaient émigré, le régime refusant qu'elles fussent soignées par des hommes. Le mollah Abbas rétorqua que nous devions faire un effort pour mieux comprendre la culture afghane, calquée sur la religion, qui ne permettait pas qu'une femme fût auscultée par un homme, ce qui était tout à fait impensable, et encore moins séjourner dans un lieu fermé en présence masculine.

Ce fut une longue conversation sur l'égalité des sexes. J'expliquai longuement la façon dont les choses se passaient dans nos hôpitaux, qui n'étaient pas pour autant des lieux de débauche, mais c'était à l'évidence un dialogue de sourds. Soudain pris d'une pulsion didactique, je glissai sur la politique et le rôle des femmes dans l'histoire de France. Je lui parlai de Jeanne d'Arc. Il n'en avait jamais entendu parler, mais visiblement cette pucelle qui prenait des initiatives guerrières n'était pas vraiment à son goût. Ses parents sont tout de même responsables. Pourquoi ne l'ont-ils pas mariée, au lieu de la laisser se conduire de façon scandaleuse en garçon, et déshonorer tout son clan en faisant la guerre comme si elle eût été un homme ?

Je lui parlai alors de nos reines, sans oublier nos régentes, Catherine de Médicis, Anne d'Autriche. Sans rien lui épargner, j'évoquai jusqu'à sainte Geneviève, et frappai un grand coup avec Victoria, reine et impératrice.

« Oui, je comprends, dit-il, qu'elle était devenue chef d'État à cause des règles de succession. Mais vous dites qu'elle était mariée. Donc ce n'est pas elle qui décidait, mais bien son mari ? »

J'expliquai que, son mari n'étant que le prince consort, c'était bien elle qui régnait.

« Mais quand elle faisait des erreurs, son mari avait bien le droit de la battre, quand même ? »

Le mollah fut navré d'apprendre que tel n'était pas le cas, et désolé de constater à quel point, dans cette culture occidentale qu'il savait corrompue et déboussolée, tout ou presque était décidément à reprendre.

Enhardi par son désarroi, je décidai de l'achever en lui parlant du mouvement féministe, et des grands progrès qu'il avait accomplis dans le monde au cours des dernières décennies. Le mouvement était en marche, rien ne l'arrêterait plus. Le mollah avait maintenant le souffle court. Épouvanté, il s'arrachait des poils de barbe, imaginant l'Afghanistan encerclé par des hordes de médecins vicieux qui allaient tripoter ses femmes, et des femmes chefs d'État qui allaient décider dans des conférences internationales, en grand décolleté, et à la place des hommes, du sort de son pays.

« Mais comment un homme normalement constitué peut-il accepter qu'un autre homme touche sa femme ? », s'écria-t-il en levant les yeux au ciel, faisant trembler sa barbe de trente centimètres, secouée d'ondes d'indignation.

Je changeai de sujet, et parlai pendant dix bonnes minutes de mes premières années à Kaboul, et du fait que j'avais ce pays dans la peau. Je constatai qu'il écoutait avec bienveillance, sentant que je disais la vérité. Sur ces entrefaites nous nous quittâmes plutôt bons amis. Il me prit dans ses bras, et me serra très fort contre lui.

En remontant dans ma voiture, je me dis qu'ayant bravement amorcé le vrai sujet de la condition féminine et constaté que l'on ne m'interdisait pas de l'évoquer, j'avais donc tout loisir d'enfoncer le clou. Tout restait à faire, et je n'allais pas en rester là.

Il faudrait juste trouver des prétextes. Je recommençai quelques mois plus tard, étant venu le trouver pour évoquer les difficultés auxquelles étaient confrontées nos ONG, en proie à de nouvelles tracasseries administratives qui risquaient de compromettre leur maintien dans le pays et de priver les populations d'assistance humanitaire et médicale. Le mollah, en m'accueillant, me lança, pensant sans doute user d'une formule agréable aux oreilles diplomatiques : « *You are "very pretty" this morning!* » Et je profitai de sa bonne humeur pour obtenir quelques adoucissements sur les *diktat* imposés aux ONG.

Le destin allait me fournir quelques mois plus tard un excellent prétexte pour aller plus loin sur le chapitre de la condition féminine. Le ministre de la Santé venait de perdre sa deuxième ou troisième épouse, morte en couches à l'âge de 15 ans, ce qui était monnaie courante en Afghanistan. Elle n'avait pas été conduite à l'hôpital, ce qui témoignait que le mollah avait de la suite dans les idées quant à la façon d'appliquer les règles de l'Émirat islamique. Je demandai à lui rendre visite pour lui présenter mes condoléances, et il me fit savoir qu'il m'inviterait à déjeuner à son bureau.

Dès mon arrivée, le colosse se réfugia dans mes bras, le visage ravagé par les pleurs. Tout en me demandant comment il avait pu épouser une enfant, j'éprouvais néanmoins de la peine pour son affliction. Après les condoléances d'usage, et lorsqu'il eut séché ses larmes, je lui dis que si sa femme avait pu être conduite à l'hôpital, elle ne serait sans doute pas morte, que les épreuves que Dieu nous envoyait étaient aussi destinées à nous faire prendre conscience de nos limites et de nos erreurs, et qu'on ne pouvait pas rester les bras croisés quand on avait, comme lui, des responsabilités qui pouvaient sauver des vies. Que la cruelle leçon de cette disparition puisse au moins servir à améliorer le sort de milliers d'autres femmes afghanes, et que l'on rouvre les hôpitaux. C'est Allah qui, en le frappant cruellement, lui envoyait peut-être ce message. Sa réaction, après un long moment de stupeur et de réflexion, fut au-delà de mes espérances : « Vous avez raison. Je vais immédiatement émettre un décret pour qu'on ouvre sept de nos hôpitaux aux femmes. Et vous pourrez constater dès demain matin par vous-même que l'accès leur est désormais garanti. »

Je fis observer que les talibans qui gardaient les hôpitaux ne laisseraient jamais pénétrer un homme, de surcroît non musulman, dans les sections réservées aux femmes. Il allait tout de suite rédiger un sauf-conduit qui me donnerait la permission d'entrer dans ces établissements, me promettant de mettre quelqu'un à ma disposition pour me faciliter les visites, ajoutant que je pourrais les effectuer quand je le voudrais, à l'improviste et sans préavis.

Le ministre de la Santé appela alors l'un de ses collaborateurs, et lui dicta deux lettres en pachtoune.

« Vous êtes mon hôte à déjeuner ; le temps du repas, ces documents seront prêts, et vous pourrez repartir avec votre sauf-conduit. » Et nous « passâmes à table ». Il me fit asseoir à côté de lui, à la table de réunion de son bureau, où furent aussitôt apportées des galettes de pain toutes plates, savoureuses, plaquées aux parois brûlantes d'un four enterré, le *nan* afghan. Cinq minutes plus tard arrivaient des plats, mais pas d'assiette, ni de couverts, à l'exception d'une cuiller.

« Servez-vous, me dit-il. Après vous. (Je ne savais comment faire pour me servir de ces viandes et de ce riz, sans assiette où les poser.)

Ah, c'est la culture afghane ! », dit-il en voyant mon embarras.

Tout sourire, le mollah me désigna le pain. Il me fallut le poser sur la table dépourvue de toute nappe et poser les aliments dessus en s'en servant comme d'une assiette. Mais comment couper la viande avec cette cuiller ? Ce fut un moment pénible pour moi. Et comme à chaque fois que j'étais contraint de manger avec les doigts, je m'en mis partout. Le décret arriva très vite, ainsi que mon autorisation. Le mollah se remit à son bureau pour signer, me lut le décret, me remit mon papier, sur lequel il avait apposé sa signature et son cachet, et me libéra.

« J'ai beaucoup de travail, et aussi beaucoup de visites de condoléances, mais vous êtes le seul étranger qui soit venu m'en faire une. Je suis touché, profondément. Merci de votre amitié. Vous n'êtes peut-être pas un ami des talibans, mais je sais que vous l'êtes de notre peuple, je sais aussi que vous respectez notre religion, ce qui est déjà beaucoup. Et je me réjouis que vous soyez satisfait de la décision que j'ai prise aujourd'hui. »

Je me confondis en remerciements et pris congé, découvrant que durant la bonne heure qu'avait duré notre entretien, plusieurs centaines de visiteurs s'étaient agglutinés dans l'antichambre et dans tous les corridors menant au tout-puissant ministre de la Santé.

J'attendis le surlendemain avant de me rendre dans plusieurs des hôpitaux qu'il avait mentionnés, en compagnie d'un jeune médecin, taleb lui aussi, qui m'avait été assigné pour ces déplacements. Je découvris que la nouvelle s'était déjà répandue : çà et là se trouvaient des femmes, avec ou sans leurs enfants. C'était un succès extraordinaire, certes davantage dû à un coup du destin qu'à mon habileté diplomatique. Ce progrès démontrait en tout cas qu'engager un dialogue avec les talibans était possible, que cette posture était bien plus efficace que celle consistant à les ostraciser, et qu'il me fallait poursuivre dans cette voie. Je pense aujourd'hui que rien que pour ce petit résultat, mes années afghanes n'auront pas été inutiles. Plus tard, les talebs, déçus de se voir rejetés par le monde entier et soumis aux sanctions de la communauté internationale, se replièrent sur eux-mêmes et retournèrent à leurs errements par une radicalisation farouche. Les femmes furent à nouveau exclues des hôpitaux. Mais entre-temps, j'avais sûrement œuvré à en sauver quelques-unes, et j'en éprouvai une réelle satisfaction. Le métier de diplomate offre en effet peu d'occasions de constater les effets concrets des efforts que l'on mène.

Cela ne signifiait pas que les femmes allaient voir soudain leur condition globale s'améliorer, je n'étais pas dupe. L'éducation leur restait fermée, et mes entretiens ultérieurs avec le ministre de l'Éducation ne permirent aucune avancée sur le front de l'accès des filles à l'école. Contre vents et marées, quelques Afghans courageux tentaient de leur enseigner, mais c'était extrêmement dangereux, des raids de talibans en armes risquant à tout moment de transformer l'essai en épreuve accablante. Je visitais ces centres clandestins, qui me serraient le cœur, et leur apportais une aide financière dérisoire.

Je reçus quelque temps plus tard une invitation dont je me serais bien passé, et qui s'inscrivait en contradiction avec les progrès que j'avais enregistrés auprès du mollah Abbas : « L'Émirat islamique prie M. Jean-Yves Berthault, représentant de la France en Afghanistan, d'assister à une exécution, au stade de Kaboul, tel jour à telle heure. » (Je n'ai pas conservé ce lugubre carton d'invitation.)

On commençait décidément à m'apprécier ! Je répondis par note officielle que mon agenda chargé ne me le permettait pas, et priai le porteur de la lettre d'ajouter verbalement que je souhaitais ne plus jamais recevoir de telles invitations.

C'était une malheureuse femme convaincue d'adultère. Les exécutions étaient publiques, destinées à la fois à servir d'exemple et aussi, il faut bien le dire, à divertir le peuple. Elles étaient néanmoins assez rares. N'oublions pas qu'en France, sans parler des « tricoteuses » de la place de la Concorde, elles étaient encore publiques il y a un siècle, et que les masses s'y bousculaient. Dieu merci, nous avons aboli la peine de mort depuis longtemps, mais il reste quelques pays qui, tout en se réclamant de la démocratie, l'appliquent encore : aux États-Unis, certaines familles de victimes se pressent volontiers pour l'exécution des meurtriers de leurs proches.

La populace de Kaboul était donc friande de ces châtiments d'un autre temps. Mais il faut, à ce sujet, remettre les pendules à l'heure. Les exactions des talibans, si elles ne les exonèrent nullement, ont été nettement moins massives que celles perpétrées par certains régimes « amis de l'Occident », en particulier l'Arabie saoudite. Fort peu de lapidations en particulier, beaucoup moins en leurs quatre années de dictature sanglante sur l'Afghanistan qu'en Arabie saoudite chaque année, et moins encore que celles décrétées par la prétendue justice tribale de la NWFP pakistanaise.

Mais chacune de leurs lapidations et autres exécutions publiques suscitait un frémissement de terreur dans un Occident que celles de la péninsule arabique n'impressionnaient plus, comme si le nombre et la répétition avaient fini par les banaliser, et par anesthésier les consciences. Une dépêche de l'AFP, publiée un an et demi après leur prise de Kaboul, avait pourtant fait le décompte macabre des exécutions publiques en Afghanistan : 14 pour tout le pays, un chiffre qui fait pâle figure, si l'on peut dire, en comparaison de ceux, plus lugubres encore, de l'Arabie saoudite, qui a prononcé et exécuté 149 peines de mort en 2019, sans compter les exécutions extrajudiciaires.

Néanmoins le mal était fait, et la presse occidentale s'emparait de ces terribles manquements aux Droits de l'homme sans chercher le moins du monde à les mettre en perspective. Dès lors, mon travail de fourmi s'en trouva compliqué, chaque rendez-vous avec les talibans, aussitôt grossi et déformé, faisant l'objet d'une contre-publicité. À Paris, le ministère recevait à mon sujet des lettres vengeresses, que l'on se complaisait d'ailleurs à me transmettre « pour information ». Et l'on prenait comme une intolérable compromission avec le régime taleb la poudre aux yeux que je lui lançais, alors que tous mes efforts étaient tendus vers une restauration de la paix sur des bases démocratiques. Par ailleurs, le public français ignorait absolument l'entreprise que je poursuivais de concert avec Karzaï, l'ancien roi Zaher et son entourage pour susciter une alternative à l'Émirat islamique. J'avais ma conscience pour moi, mais ce n'était pas facile tous les jours.

Un ministre des Mines et de l'Industrie féru d'archéologie

Je l'avais croisé lui aussi lors de mes précédentes responsabilités à la mission des Nations unies, et il fit téléphoner un jour pour me prier de lui rendre visite. C'était une sombre histoire concernant une usine qu'une entreprise française avait construite aux environs de Kaboul à l'époque de la monarchie, et au sujet de laquelle perdurait un contentieux financier que les événements politiques n'avaient pas permis de régler ; il demandait donc mon intervention. Je ne connaissais cette entreprise que de nom, et n'en avais pas entendu parler depuis longtemps. Aussi lui dis-je que j'allais devoir me renseigner, et que je lui ferais savoir ce qu'il était possible de faire, sans lui laisser grand espoir, expliquant que dans le système occidental, l'État ne pouvait ni ne devait se substituer aux entreprises, et que dans le cas d'un contentieux, ses représentants pourraient tout au plus faire passer un message. Peut-être faudrait-il un arbitrage, ou porter l'affaire devant les tribunaux, ce qui ne serait pas de notre ressort. Mon interlocuteur n'avait pas l'air de bien comprendre. Il cherchait à argumenter, car cette usine aurait pu être remise en état de marche, et devenir l'une des rares à fonctionner dans le pays. Mais il dut se contenter de ce que je lui disais. Il en profita pour faire miroiter les extraordinaires contrats que la France pourrait remporter dans l'exploitation des richesses de l'Afghanistan pour peu que nous reconnaissions l'Émirat islamique. Je me montrai poli et intéressé, tout en sachant pertinemment que ce serait peine perdue : il était clair pour moi que ni le gouvernement ni nos entreprises ne voudraient s'aventurer dans un tel contexte politique et avec de telles gens. Je n'avais pas l'intention de faire vraiment pression à ce sujet.

Après enquête, il s'avéra que ladite entreprise avait été rachetée par une firme américaine depuis plusieurs années, et je suggérai à mon interlocuteur de venir prendre le thé pour lui faire part des « éléments en ma possession ». Je n'avais en vérité à peu près rien à dire, et une simple note aurait évidemment suffi. Mais je souhaitais multiplier les occasions de rencontre avec les principaux dirigeants et les personnaliser, afin de poursuivre mon entreprise de dialogue.

Au salon, après que je lui eus indiqué que nous n'étions nullement compétents et qu'il allait falloir chercher du côté de la firme américaine, devenue le seul propriétaire légitime, tandis que nous parlions de choses et d'autres, soudain il désigna un ouvrage sur la table basse, dont il avait compris qu'il traitait de son pays, et m'interrogea. « Ah, c'est un rapport de fouilles anciennes de la DAFA, la Délégation archéologique française en Afghanistan, lui dis-je. Je vais vous montrer quel extraordinaire travail ils ont fait, pendant des décennies, et sur de nombreux sites couvrant plusieurs millénaires d'histoire. Si le musée de Kaboul est si riche aujourd'hui, c'est à 90 % grâce au travail de la DAFA. »

J'ouvris en même temps les pages de ce gros volume, dépliai les plans de coupe et d'élévation des monuments, et m'enthousiasmai en parlant, cherchant à lui faire saisir l'importance du passé pour les héritiers du moment présent. Constatant qu'il était visiblement intéressé, je me mis à parler des trésors enfouis, et remarquai qu'il était bien dommage que l'invasion soviétique, suivie de cette guerre civile qui n'en finissait pas, aient mis un coup d'arrêt à tout cela. Il m'arrêta : « Je voudrais que vous sachiez une chose, c'est que je suis le ministre compétent pour tout cela.

— Ah, je vous remercie de me le dire, je l'ignorais, je pensais que cela relevait du rôle du ministre de la Culture. Et de quelle façon ce sujet est-il rattaché à votre portefeuille ?

— Le sous-sol bien sûr ! L'archéologie, c'est une ressource du sous-sol, n'est-ce pas ? »

Je compris soudain qu'en entendant parler des trésors enfouis, ceux de l'histoire, de la pensée, des civilisations, des théâtres, des temples avec leur statuaire, des rampes votives, des anciennes murailles des villes antiques, le ministre taleb avait visualisé des trésors matériels, de l'or, de l'argent, des pierres précieuses, et qu'il n'hésiterait pas à détruire tous les sites au bulldozer pour quelques kilos d'or à fondre. Horrifié, je me réjouis intérieurement de ce que la guerre interdise à ce mouvement de gouverner comme il l'entendait. Tout en pensant aux objets afghans jalousement conservés au musée Guimet, en vertu de traités, aujourd'hui caducs, qui stipulaient si judicieusement des partages à moitié avec les puissances occidentales ayant financé les fouilles, lesquelles s'engageaient à publier et à faire rayonner ces civilisations disparues, j'essayai de lui faire comprendre ce qu'est un trésor du point de vue de l'histoire. Mais nous étions sur deux planètes différentes, et je voyais dans son regard les feux de la cupidité que j'avais allumés.

Une aventure presque équivalente s'était produite des années en arrière, alors que j'étais en poste en Syrie. J'arrive un jour à l'aéroport de Damas et, en attendant mes bagages, je vois débarquer une bande de jeunes gens à veste noire avec des Ray-Ban, des *moukhabarat*, les services de renseignement du régime Assad. Tout le monde frémissait, car leur irruption pouvait aussi bien signifier la protection d'une personnalité qu'une arrestation arbitraire et violente. Ce sont eux qui, aujourd'hui, torturent et violent dans les prisons de la clique Assad au pouvoir à Damas.

Une annonce se fait entendre dans la section bagages de l'aéroport : on demande à un Monsieur Jean Soustiel de se faire connaître ; la foule cherche à savoir quel étranger va se faire arrêter. Je cherche à mon tour, car ce nom ne m'est pas inconnu. Intéressé depuis toujours par l'art islamique, j'ai dans ma bibliothèque un gros livre intitulé *La Céramique islamique,* dont l'auteur est justement Jean Soustiel ; ce livre est l'une des meilleures sommes jamais écrites sur la question, et il est un instrument très utile pour toute recherche sur les civilisations de l'islam.

Quelqu'un se désigne à l'attention des autorités. Les jeunes voyous du régime Assad viennent le saluer et l'entourer avec déférence. La foule commence à se désintéresser de lui : il ne va pas y avoir de violence. C'est une huile, pense-t-on, un ami du régime. Je me demande de mon côté s'il s'agit du même Soustiel, et ce qu'il peut bien avoir à faire avec ces gangsters du gouvernement Assad. Je me dirige vers lui.

« Êtes-vous Jean Soustiel, l'auteur de *La Céramique islamique* ?

— Mais oui, en effet.

— Je suis très heureux de vous rencontrer. Je connais votre livre presque par cœur, tant je l'ai lu et relu. »

J'ajoutai que j'étais l'un des diplomates de l'ambassade et que si je pouvais lui être utile à quoi que ce soit, il n'hésite pas à m'appeler, et que je serais ravi de le convier à déjeuner. Et de lui donner ma carte.

« Ce serait, dit-il, avec grand plaisir, mais je ne sais si j'aurai des disponibilités, étant pour plusieurs jours l'hôte de la vice-présidence, à vrai dire sans trop savoir pourquoi. »

Le surlendemain, mon téléphone sonne au bureau. Il est onze heures du matin. C'est monsieur Soustiel, la voix angoissée, qui me demande si nous pouvons nous voir très vite.

Comme j'avais évoqué un déjeuner, je lui propose de venir me rejoindre chez moi à 13 heures. Il insiste pour que nous soyons seuls.

Il arrive à ce déjeuner très inquiet et troublé, et me dit d'emblée qu'il craint pour sa sécurité. Depuis son arrivée, on a organisé pour lui toute une série d'entretiens et de réunions avec des gens plus patibulaires les uns que les autres, et il n'en croit pas ses oreilles. Le gouvernement syrien l'avait contacté à Paris pour l'inviter à Damas dans le cadre d'une coopération scientifique ayant trait à son activité de marchand et de chercheur dans le domaine de l'art islamique, et il avait accepté, pensant vivre à travers cette mission une aventure intéressante sur le plan culturel. Mais dès son arrivée à Damas, on lui avait annoncé qu'il s'agissait d'aider ses interlocuteurs à étudier leurs cartes d'État-Major pour déterminer où pourraient se trouver des trésors parmi les milliers de tells* qui n'avaient pas encore été explorés, et établir avec eux un programme de fouilles. Il avait répondu tout de go que n'étant pas lui-même archéologue, ils veuillent bien s'adresser à l'Institut archéologique français en Syrie, l'IFAPO, qui depuis un siècle avait accompli un travail extraordinaire dans la région. Mais on lui avait rétorqué que les archéologues n'étaient « pas les bonnes personnes », et qu'ils n'avaient « pas la bonne approche ».

« Ils se sont adressés à moi, poursuit-il, parce qu'ils ont pensé qu'en tant qu'expert à l'hôtel des ventes et marchand, j'aurais une démarche "commerciale", donc plus adaptée à leurs besoins. Je commence à comprendre qu'il s'agit de faire sortir de Syrie

* Terme utilisé en archéologie pour désigner une colline artificielle formée par les ruines superposées d'une agglomération ancienne.

et de vendre pour eux des trésors archéologiques, et j'ai dû leur répondre sans ambages que mon activité n'était pas compatible avec leurs intentions, que je ne vendais que des objets issus de collections anciennes, et que je ne saurais me compromettre dans le commerce illégal d'antiquités. »

M. Soustiel pensait que le message avait été compris. Mais depuis la veille, ils s'étaient faits de plus en plus insistants, comme s'ils se refusaient à l'entendre, et ils lui avaient dit le matin même que son intervention pourrait se borner à l'identification des sites à fouiller. Il avait refusé, et réitéré l'idée de faire appel aux archéologues français, mais ils s'étaient fâchés tout net. Mon invité avait peur.

« Ne craignez rien, lui dis-je, il ne vous arrivera rien. Avez-vous dit que vous alliez déjeuner chez moi ?

— Non, je craignais pour ma sécurité, d'autant que je suis juif. Que suis-je venu faire dans cette galère ? Je me suis échappé, et j'ai demandé à aller me promener seul en ville.

— Au contraire, dites-leur que vous avez déjeuné avec moi, et que vous avez évoqué ces projets de "coopération", ce sera votre meilleure protection. C'est eux qui vont maintenant prendre peur à l'idée que leur cupidité soit portée à la connaissance de la communauté internationale. »

Je lui explique enfin qu'il bénéficie d'une bonne fenêtre d'opportunités avec la politique de paix actuellement menée par le pouvoir syrien, et d'apaisement avec Israël. Les Juifs se préparent tous à quitter librement le pays, le moment n'est pas dangereux, il n'a donc pas de crainte à avoir à ce sujet.

Il n'arriva rien à Jean Soustiel, et nous restâmes en contact assez régulier jusqu'à sa mort prématurée. Mais j'avais appris grâce à lui, bien avant de connaître les talibans, ou plus tard leurs cousins de Daech, à quels débordements, dans le domaine culturel, étaient prêts les dictateurs de toutes obédiences. Le train-train diplomatique ne permet généralement pas aux diplomates d'appréhender ce genre de phénomènes, car dans de tels pays, on rencontre plutôt des hauts fonctionnaires à la main sur le cœur et des ministres à la « réputation irréprochable », avec qui on s'enlise dans des discours, des traités et des accords de coopération. C'est ainsi qu'en matière culturelle, l'inscription au patrimoine de l'humanité de certains monuments de pays « en développement », à la satisfaction générale, a fourni un cadre confortable à l'allègre pillage de tous ceux qui ne l'étaient pas encore.

Cette anecdote me conforta dans l'idée que les anciens accords de partage des biens provenant de fouilles, tombés en désuétude en raison de l'idéologie contemporaine qui considère le transfert d'œuvres d'art dans un pays tiers comme un crime, aggravé lorsque ce pays tiers est une grande puissance, devraient être remis au goût du jour, en recherchant le soutien des élites des pays concernés par le transfert à l'étranger de leur patrimoine national dans des musées dédiés. Les événements qui se déroulent aujourd'hui du Mali à l'Afghanistan, en passant par l'Irak et la Syrie, devraient convaincre la communauté internationale de ressusciter ces anciens accords au mépris du politiquement correct, de sorte que ce qui reste à exhumer du patrimoine de l'humanité soit mis en partie à l'abri en Occident, en attendant des jours meilleurs.

Le ministre de la Répression du vice et de la Promotion de la vertu

J'avais commencé par le moins difficile, à savoir des ministres que leurs fonctions conduisaient naturellement à recevoir régulièrement des étrangers, ceux qui avaient besoin de l'assistance humanitaire internationale ou encore d'autres que je connaissais déjà pour les avoir fréquentés lors de mes précédentes fonctions à la mission onusienne. Outre les ministres des Affaires étrangères et de la Santé, j'avais eu des entretiens avec d'autres ministres techniques, comme celui de l'Agriculture et de l'Éducation. J'avais l'espoir de créer ainsi un socle sur lequel construire ma mission en multipliant les interlocuteurs. Mais il me fallait aussi m'attaquer au plus difficile : le noyau le plus hermétique aux influences étrangères, les éléments dogmatiques du nouveau régime n'ayant été frottés à rien d'autre que le Coran, tout le Coran, rien que le Coran, dans son interprétation la plus restrictive. L'un des plus radicaux était le mollah Mohammed Qalamuddine, le ministre de la « Répression du vice » et de la « Promotion de la vertu ». J'étais mû par une intense curiosité à l'idée de me frotter à ce personnage qu'aucun Occidental n'avait encore jamais rencontré, et que la rumeur présentait comme particulièrement farouche et obtus.

Les talibans ne faisaient à travers ce portefeuille ministériel que reproduire un schéma saoudien et wahhabite. Le ministre avait la haute main sur la police religieuse, qui avait tous les pouvoirs de la terreur : celui de s'en prendre dans les rues aux femmes non accompagnées ou insuffisamment voilées, qui étaient cruellement battues à coups de câbles électriques, celui de perquisitionner personnes et véhicules pour s'assurer qu'ils ne transportaient pas de cassettes de musique, de faire des descentes domiciliaires à toute heure pour détruire les postes de télévision, de s'assurer que les mœurs étaient conformes aux enseignements sacrés, et que personne ne s'avisait de négliger la prière cinq fois par jour.

Au tout début de l'occupation de Kaboul par les talibans, nombre de leurs jeunes recrues chargées de la répression, à peine débarquées de leurs montagnes, n'avaient jamais vu un poste de télévision. Mais croyant dur comme fer que c'était un instrument introduisant le péché dans les familles, ils perquisitionnaient et parfois, plantés devant la télé de la maisonnée, ils demandaient à la famille terrorisée : « Avez-vous une télévision ? »

Quand les gens avaient la présence d'esprit de répondre qu'ils n'en avaient pas, ils s'en allaient. À la terreur des citadins se substituaient alors d'immenses éclats de rire ; soulagement bien sûr, mais aussi le comique de l'absurde.

Les mêmes sbires du ministère se complaisaient aussi à humilier la jeunesse de toutes sortes de manières, dont certaines particulièrement perverses. Les enfants se voyaient arracher leurs cerfs-volants, divertissement très prisé à Kaboul. Leurs jouets étaient souvent détruits sous leurs yeux, pour peu qu'ils ne soient pas « islamiques ». Il était interdit de détenir des oiseaux en cage, car leurs chants ne célébraient pas la religion. Tous les divertissements étaient sujets à caution, et la musique, l'objet d'une campagne de destruction systématique : instruments, cassettes. Et gare aux familles qui auraient osé conserver une poupée pour les petites filles, représentation humaine, et donc péché presque capital.

Un petit groupe de ces nervis du vice et de la vertu avait trouvé un endroit où ils pouvaient se livrer à un petit jeu étrange, qui scandalisait la population : les jeunes de Kaboul empruntaient volontiers, dans le centre-ville, un raccourci sous un pont pour aller d'un quartier à un autre, et ce passage dissimulé à la vue en faisait un lieu discret pour le nouveau passe-temps qu'avaient imaginé ces jeunes talibans : arrêter tous les jeunes hommes et leur demander de baisser leur *shalwar* pour s'assurer que, comme le « demandait l'islam », ils s'étaient bien rasé le pubis. Ceux qui étaient pris en « flagrant délit » recevaient séance tenante, ainsi dénudés, de violents coups de câble électrique. Le peuple était sidéré et épouvanté devant ces pratiques qui n'avaient rien à envier à celles des sbires des chefs de guerre divers et variés qui avaient martyrisé Kaboul dans la période précédente.

La misère sexuelle était grande à Kaboul, où les talibans disaient avoir éradiqué la prostitution, ce qui était difficile à croire. Un jeune taleb de 27 ou 28 ans rencontré dans une administration venait parfois prendre le thé à l'ambassade, et très vite, il me fit des confidences sur sa vie personnelle. Comme il n'était pas encore marié, à un âge où la plupart des hommes afghans le sont depuis longtemps, je lui demandai, par curiosité, s'il avait connu des femmes.

« Oh oui, bien sûr, cela n'est pas difficile. Il y a de nombreuses femmes qui ne se font pas prier pour un peu d'argent.

— Mais comment faites-vous ? Elles ne peuvent pas sortir seules ? Et où les emmène-t-on ?

— Elles sortent à plusieurs. Et si elles se font arrêter, elles disent que leurs maris sont morts et qu'elles sont obligées de sortir à trois ou quatre pour aller faire les courses. Nous savons bien les reconnaître. Quand un homme s'arrête et paraît évaluer leur âge sous leur *burqa*, elles modulent leur démarche de façon plus langoureuse, font des gestes imperceptibles, puis elles lui font signe qu'elles sont prêtes à le suivre, et l'homme les conduit où il veut.

— Mais où ?

— À la maison, bien sûr.

— Mais dans les maisons de Kaboul, il y a des familles nombreuses ! »

Il me rappela alors que dans toute maison afghane, il y avait une *memon khana*, une antichambre où les invités pouvaient faire des visites sans être admis plus loin dans la maison. Il suffisait d'accueillir une jeune fille, et de dire à sa famille qu'on recevait un homme dans la *memon khana,* et qu'on ne devait nous déranger sous aucun prétexte. Ils pouvaient ainsi faire ce que bon leur semblait. Je repensai au « Livre des ruses », que j'avais découvert en Algérie, et qui m'avait permis de mieux saisir le rôle essentiel que joue la ruse dans les sociétés musulmanes.

Je découvris ainsi que mon nouvel « ami », qui professait une pureté dogmatique parfaite, n'était pas épargné par d'humaines pulsions. Il s'enhardit à me demander si je pouvais lui donner du parfum ou de l'eau de toilette. Ce qui était interdit lui manquait, ce qu'on peut vérifier partout. Je m'acquittai de cette demande, et il en fut joyeux. Puis il me demanda s'il pouvait boire une bière. Je lui en donnai une à contrecœur, car il était très risqué pour un diplomate d'introduire de l'alcool en Afghanistan pour son usage personnel, et plus encore d'en fournir à un musulman, taliban de surcroît, et de corrompre la « pureté » islamique. Aussi lui dis-je que c'était la dernière, et qu'il ne restait plus d'alcool dans toute la résidence.

Je n'étais pas étonné par ces révélations. Lorsque j'étais à l'UNSMA, et que la mission onusienne s'évertuait à réunir les parties au conflit, nous avions logé la délégation des talibans dans une maison d'hôtes où notre personnel était souvent hébergé en attendant d'avoir trouvé un logement. Deux talibans partageaient ainsi la chambre voisine de celle d'une des secrétaires de la Mission, laquelle nous dit le lendemain matin qu'elle avait été dérangée une bonne partie de la nuit par les films pornographiques visionnés par ses voisins de l'autre côté de la cloison de leur chambre mitoyenne.

On venait d'ailleurs de me raconter une anecdote éloquente. Un mollah avait été dénoncé pour s'être livré à des jeux sexuels peu compatibles avec la morale professée par les talibans. Il était en effet « bisexuel pratiquant », en sus d'être un deobandi et un wahhabite proclamé. Il y eut une descente chez lui au bon moment, car on le trouva au lit en compagnie d'une jeune femme et d'un jeune garçon. Que croyez-vous qu'il arriva ? Rien. C'était un personnage trop considérable pour être poursuivi. Mais un surnom s'attacha définitivement à lui, car les Afghans, et même les talibans, adorent les blagues, soupapes de sécurité et antidotes au malheur : ce mollah très influent, auquel Guantanamo fut épargné, est resté connu sous l'appellation de « mollah Sandwich ».

Les exactions et l'hypocrisie des talibans n'étaient plus un secret pour personne et ils commençaient donc à se faire haïr sérieusement de la population. Après avoir jusqu'en 1997 connu une popularité sans faille, ils n'étaient plus soutenus que par une infime minorité à Kaboul, leur réputation s'étant néanmoins maintenue parmi les Pachtounes du Sud du pays, qui continuaient à s'enrôler dans leurs troupes. Le ministre de la Promotion de la vertu et de la Répression du vice incarnait la tendance la plus radicale du mouvement. Il n'avait jamais rencontré d'étranger, et il ne m'avait pas été facile d'obtenir cet entretien. Il m'était néanmoins indispensable de mieux comprendre les clivages au sein de leur mouvement et de chercher par le dialogue à neutraliser et à raisonner les éléments les plus radicaux, gageure titanesque…

Me voici donc dans les locaux de ce puissant ministère de l'idéologie religieuse, dont le seul nom faisait frémir tout Afghan. Introduit dans l'antichambre, j'y suis entouré *illico* d'une dizaine d'adolescents enturbannés portant Kalachnikov en bandoulière.

Cinq d'entre eux prennent place sur une banquette, et m'indiquent celle d'en face. Ils me dévisagent et me jaugent de la tête aux pieds durant de longues minutes embarrassantes, sans m'adresser la parole. Ils sont beaux, l'air fier et martial, leurs yeux maquillés de khôl, ce qui accentue leur caractère farouche. Aucun d'eux ne semble avoir plus de 19 ans, et le plus jeune n'a sur les joues que quelques poils. J'ai à la main une sacoche en cuir, et prends soudain conscience qu'elle est en peau de porc, ce à quoi je n'avais jamais pris garde. Et voilà que je pense à l'histoire du mollah Sandwich, qu'on vient à peine de me raconter. Dans cette atmosphère lugubre et cocasse, je sens monter un fou rire, que je réprime, le transformant en un large sourire. Ils croient qu'il leur est destiné, et voici que maintenant tous arborent eux aussi un grand sourire, qui peine à atténuer leur air guerrier, la main toujours solidement agrippée à leur mitraillette.

Je pénètre enfin dans le bureau du redouté ministre, où je suis escorté par la jeune garde, toujours armée de Kalachnikov, qui se prosterne devant lui. Il est assis sur un large fauteuil juché sur une estrade, et je suis invité à m'asseoir assez loin, sur une chaise placée à sa gauche. En guise de bienvenue, on entreprend aussitôt de psalmodier. Sans me regarder, le ministre entame la récitation d'une prière coranique, et j'attends.

Puis il m'adresse quelques formules de politesse, et me vante les bienfaits et les mérites d'un régime qui puise son inspiration dans les textes sacrés.

« En ce qui concerne la République française, lui dis-je, vous savez sans doute qu'elle est laïque et qu'elle ne se réclame d'aucune religion, mais qu'elle les respecte toutes. Le fait même de n'en favoriser aucune représente une évidente garantie pour les autres. C'est ainsi que l'islam est devenu la deuxième religion de France. Nous n'encourageons pas la pratique ni l'essor de cette religion, pas davantage que nous ne cherchons à en promouvoir ou à en entraver une autre. La France est ainsi l'un des pays au monde où il s'est construit le plus de mosquées ces dix dernières années.

— Mais pourquoi vous obstinez-vous à empêcher les femmes musulmanes de se conformer aux exigences de notre religion en interdisant le voile ? »

Je réponds que nous interdisons dans les locaux publics les manifestations extérieures d'appartenance religieuse, et que l'on ne trouvera pas de reproduction du Coran dans nos écoles, mais pas de crucifix non plus. C'est ainsi que nous garantissions l'égalité entre les religions, dont l'islam avait largement bénéficié ces dernières années. Il n'y avait donc pas lieu de le déplorer.

Mon placement m'interdit de regarder mon interlocuteur en face et à aucun moment, ce dernier ne tourne son visage vers moi. Il parle dans la direction opposée, vers la porte. Et comme il se dérobe à mon regard, c'est aux gardes du corps que je m'adresse, percevant à travers leur langage corporel des signes de satisfaction quand je parle des mosquées en France, et une haine subite s'agissant du voile islamique.

Je pose quelques questions sur les méthodes du ministre pour s'assurer de l'observance des règles de conduite sociale directement dictées par Allah, et il ne m'apprend pas grand-chose que je ne sache déjà. Son programme de répression sociale est vague, mais ses orientations font froid dans le dos. Le « ministre du Vice et de la Vertu » comme l'appellent les humanitaires, tel un Goebbels, est visiblement occupé à jeter les bases d'une société rigoureusement totalitaire.

Je cherche alors à expliquer en quoi l'opinion publique occidentale se braque contre ce qu'elle perçoit comme des manquements aux Droits de l'homme, et combien il importe aux talibans, pour être reconnus par la communauté internationale, de se plier aux règles sur les droits humains. Mais mon interlocuteur en revient toujours aux injonctions du texte sacré, ce qui rend son discours irréfragable et la conversation inutile. Je poursuis, déplorant que le pouvoir de Kaboul interdise tout divertissement aux masses. L'être humain, qui est le même partout, a besoin de se distraire, et les musulmans du monde entier s'étonnent eux-mêmes de ce qu'ils voient à l'œuvre à Kaboul. Pourquoi un divertissement comme la musique, considéré au Maroc comme parfaitement compatible avec le Coran, ne l'est-il pas dans les plaines de l'Hindou-Kouch ?

« Ce sont eux qui se trompent, ces mauvais musulmans qui trahissent le message d'Allah et de son prophète. »

Visiblement, le roi du Maroc, lui aussi « commandeur des croyants », avait du souci à se faire.

L'« entretien de courtoisie » n'avait pas duré plus de vingt ou trente minutes. Par chance, il ne fut pas suivi d'un déjeuner.

Quelque temps plus tard, le ministre du Vice et de la Vertu, faisant preuve d'une remarquable capacité d'écoute, édictait un décret sur le sport. Le football fut désormais considéré comme licite (article 1), mais son exercice soumis à de strictes conditions :

– vestimentaires : les joueurs devaient être vêtus de maillots à manches longues ainsi que de longs shorts et de chaussettes montantes, de sorte que l'on ne puisse pas entrevoir la moindre parcelle du mollet ;

– religieuses : il était stipulé que les joueurs devaient s'arrêter en plein match si retentissait l'appel à la prière. Même, était-il précisé, si l'appel du *muezzin* survenait au moment où un but allait être marqué.

Allah pouvait se féliciter de tant de ferveur, et n'allait pas tarder à récompenser les talibans sur le terrain militaire, où ils endurèrent dans les semaines suivantes quelques cuisantes défaites, grâce au grand talent stratégique de Massoud, bien renseigné il est vrai par les rapports d'écoutes de certains pays amis.

4.

1999-2001

Le Département me renvoie à Islamabad

Après un an de multiples pérégrinations, qui m'avaient permis de nouer un dialogue avec toutes les parties, le ministère prit une décision malencontreuse et irréfléchie. J'appris que l'on « songeait sérieusement » à me prier de quitter ma base du bureau des ambassadeurs itinérants pour m'installer à Islamabad, au plus près de mon pays d'affectation. En vérité, cela me jetait dans la gueule du loup pakistanais. Et surtout, ce transfert m'interdirait d'exercer une activité politique équilibrée et de maintenir des contacts réguliers avec l'Alliance du Nord, dont j'avais régulièrement rencontré à Paris le ministre des Affaires étrangères à défaut de voir Massoud, que j'avais tenté à maintes reprises de rejoindre à Douchanbé, ayant dû chaque fois rebrousser chemin : la guerre lui dictait son agenda, et le climat hasardeux au-dessus de l'Hindou-Kouch achevait de compliquer ses projets de déplacement.

Une analyse de courte vue justifiait cette situation nouvelle, paraissant sur le papier faciliter mes missions en Afghanistan, désormais organisées depuis Islamabad au lieu de Paris, d'où j'avais effectué maints voyages en avion qui donnaient beaucoup de fil à retordre à la dame d'Air France chargée des VIP à l'agence des Invalides. Elle devait parfois me concocter des circuits du style « Paris-Dubaï-Islamabad-Lahore-Tachkent-Kodjent-Delhi-Dubaï-Rome-Paris », et j'allais moins souffrir du *jet-lag*, mais c'était un bien maigre avantage. J'allais aussi pouvoir reprendre une relation plus régulière avec Hamid Karzaï, comme du temps de ma mission auprès de l'UNSMA, ce qui était pour moi un autre point positif. Il était venu me rendre visite à plusieurs reprises à Paris depuis que j'avais été nommé chargé d'affaires, et je gardais le souvenir de ce qu'il m'avait dit, un jour où depuis un point élevé nous contemplions les lumières de la capitale : « Un jour, si Dieu le veut, il y aura aussi des lumières à Kaboul, et les femmes pourront sortir, aller au restaurant, il y aura même des boîtes de nuit. »

Nous nous étions revus à Rome, où il se rendait fréquemment pour entretenir l'entourage royal. Je ne manquais pas de le rencontrer à chacun de mes passages au Pakistan, en route vers Kaboul ou au retour de mes séjours à l'ambassade. Il me téléphonait régulièrement au bureau des ambassadeurs itinérants. Mais notre relation souffrait de ma nomination en tant que chef de mission diplomatique.

Il s'avéra cependant, dès mon installation à Islamabad, que la reprise d'une relation nourrie avec Karzaï n'était pas du goût des services pakistanais, qui le firent très vite comprendre, en nous suivant ostensiblement lorsque nous nous rencontrions pour déjeuner dans un restaurant en ville. Ces tentatives d'intimidation eurent tôt fait de me convaincre qu'il valait mieux le rencontrer à ma résidence. La grande villa que j'avais louée dans ce qui tenait lieu de centre-ville dans cette capitale artificielle était un lieu de rencontre commode. Les Pakistanais postaient systématiquement de grandes voitures noires devant ma résidence à chaque fois qu'il venait me voir. Je n'eus jamais à subir de pressions plus désagréables, mais le message était clair : « Nous vous avons à l'œil, nous savons ce que vous faites, et cela ne nous convient pas. »

Nous décidâmes de ne rien changer au rythme de nos fréquentes rencontres, et comme la capitale pakistanaise, particulièrement sinistre, faisait éprouver le besoin d'un lieu qui le soit un peu moins, je le conviai à plusieurs reprises au restaurant du club français situé dans l'enceinte du quartier diplomatique, où seuls les expatriés européens et leurs invités étaient admis. Les musulmans ne l'étaient pas, en raison de l'inscription de vins au menu, mais Hamid Karzaï ne buvait pas une goutte d'alcool, et il était surtout l'hôte d'un chef de mission diplomatique française, ce qui facilitait son entrée dans cet établissement très soucieux de respecter l'interdit de servir de l'alcool aux musulmans, décrété par la République islamique du Pakistan et superbement ignoré par toute l'*intelligentsia* du pays. Chez moi, nous déjeunions toujours dans le jardin, où je pensais qu'il serait plus difficile de planter des micros qu'à l'intérieur de ma villa, et nous passions en revue son programme politique, évoquant les prochaines étapes à franchir sur la voie de la reconnaissance internationale. Je l'avais mis en relation avec plusieurs ambassadeurs des « pays qui comptent », et nous élaborions ensemble des plans visant à rechercher le soutien de ceux qui restaient à convaincre de l'intérêt politique de sa démarche.

Semaine après semaine, Hamid Karzaï me faisait part des résultats qu'il avait engrangés auprès de tel ou tel ambassadeur, et nous évaluions ensemble les prochaines étapes à franchir. Je n'ignorais pas, à travers certains recoupements, qu'il menait désormais son entreprise en étroite liaison avec les Américains autant qu'avec moi. Après m'avoir dit cent fois « retenez-moi ou je fais un malheur » en menaçant d'aller chercher du côté de Washington ce qu'il n'obtenait pas à Paris, il commençait à douter sérieusement qu'il y eût à Paris une administration aussi convaincue que je l'étais moi-même de l'importance de notre projet commun de réconciliation nationale non seulement pour son malheureux pays, mais aussi pour l'équilibre et la sécurité du monde. Parfois, nous étions en désaccord sur la stratégie à adopter pour faire progresser la cause de la *loya jirga,* et nos conversations devenaient alors animées, et même véhémentes.

Les Italiens gagnés à la cause

J'avais tenté sans succès, durant plus de deux ans, de convaincre notre diplomatie d'accorder son soutien à l'initiative que j'avais déclenchée avec Hamid Karzaï; certains de nos diplomates, à titre personnel, la jugeaient sympathique, voire judicieuse, mais sans doute trop audacieuse. D'autres ne la comprenaient toujours pas. On ne parvenait pas à échafauder une politique vis-à-vis de ce pays, et encore moins à se convaincre de s'engager pour le faire. En témoigne d'ailleurs un entretien que j'avais eu avec un haut fonctionnaire du Quai d'Orsay, que j'étais allé instruire de ce qui était à l'œuvre en Afghanistan. Je dis en substance à ce haut diplomate que nous devrions être plus attentifs à la situation de ce pays, pour trois raisons :

– le trafic de drogue en provenance de ce pays, d'où provenait 90 % de l'héroïne consommée en France, concernait notre société au même titre que toutes les autres démocraties occidentales ;

– ce pays constituait un champ d'expérimentation de l'islam politique que nous ne devrions pas ignorer. Hébergeant sur notre sol la population musulmane la plus forte d'Europe, nous étions à notre corps défendant un « pays de la ligne de front » ;

– nous pouvions craindre que l'expérience politique à l'œuvre à Kaboul n'aboutisse à des actions terroristes en Europe, et particulièrement en France, c'était là l'une des raisons qui me faisaient souhaiter maintenir un dialogue de confiance apparente avec les talibans, dans le dessein de tout faire pour ne pas apparaître à leurs yeux comme un « petit Satan », qualificatif que le régime iranien nous avait longtemps réservé, avec les conséquences néfastes que l'on sait. J'étais littéralement obsédé par les risques d'un « attentat dans le métro » si nous n'envisagions pas une politique plus déterminée en faveur d'un règlement politique incluant toutes les parties au conflit.

Il était donc essentiel d'apporter notre soutien diplomatique, et d'employer notre influence en Europe et aux Nations unies pour soutenir le processus de la *loya jirga,* qui n'était critiquable par aucun des protagonistes de la crise afghane, étant fondé sur la recherche d'un consensus, qui de plus avait été mis sur les fonts baptismaux par un diplomate français. Mon interlocuteur me montra la carte du monde suspendue au-dessus de son bureau, et me dit, non sans une certaine condescendance : « Voyez cette carte, vous comprendrez que l'Afghanistan est entouré de pays où nous ne possédons pas d'intérêts majeurs (nous n'avions pas encore, à l'époque, mis en œuvre notre fameux dialogue stratégique avec l'Inde). Je ne vois donc aucune raison de nous mobiliser. »

Ayant essuyé d'autres déconvenues, je ne croyais plus guère à la possibilité de convaincre mon propre pays. Mais je pouvais néanmoins aider Hamid Karzaï à rechercher l'appui d'autres puissances, c'est pourquoi je me tournai vers l'Italie, pour une seule et bonne raison : le roi Zaher y était en exil.

Étant italianisant, je connaissais l'ambassadeur d'Italie à Islamabad, territorialement compétent pour l'Afghanistan. Mais comme la plupart des ambassadeurs basés dans la capitale pakistanaise, il avait une connaissance du dossier afghan limitée à des échanges d'informations avec les autres représentants étrangers, à l'analyse de la posture pakistanaise, et à des rencontres impromptues et superficielles avec l'ambassadeur de l'Émirat islamique à Islamabad. Après m'être longuement concerté avec Karzaï, je vins donc trouver mon collègue italien, et lui exposai le projet mené en liaison avec Karzaï et le roi, dont il n'avait pas encore entendu parler. Je lui dis en substance que l'Italie avait une carte diplomatique à jouer, susceptible de lui conférer un rôle majeur pour la résolution d'un conflit, majeur lui aussi :

– c'était depuis plusieurs décennies le pays d'exil du roi Zaher, elle avait donc une légitimité pour soutenir en liaison avec lui des efforts placés sous le signe de la recherche d'un règlement pacifique, menés conjointement avec Hamid Karzaï ;

– comme aucun pays d'Asie du Sud ou d'Asie centrale ne pouvait raisonnablement être choisi pour héberger un embryon de *loya jirga* en réunissant un aréopage de chefs tribaux afghans, du fait même qu'ils étaient tous plus ou moins impliqués, ne serait-ce qu'indirectement, dans le conflit, l'Italie pouvait représenter un lieu propice; elle n'avait pas « l'inconvénient » de figurer au rang des membres permanents du Conseil de sécurité; elle n'avait jamais eu d'intérêts majeurs dans cette région du monde. En conséquence, elle ne pourrait être soupçonnée de chercher à y jouer un jeu de perfide ingérence. Mais cela supposait un financement important, en raison des frais considérables de déplacement que l'opération ne manquerait pas d'engendrer. Je me gardai bien de mentionner mes efforts infructueux auprès des hautes instances de mon propre pays. Si l'ambassadeur pouvait convaincre Rome, cela ne pourrait que faire valoir sa vision et son entregent diplomatique auprès de la Farnesina. Je vis de suite à son langage corporel que l'argument avait fait mouche.

Je n'eus donc aucun mal à le convaincre de rencontrer Hamid Karzaï lors d'un déjeuner. Bien que je n'aie pas réussi à mobiliser mon gouvernement, le processus était enfin lancé, et après que l'ambassadeur italien, très motivé, eut convaincu le sien de cette opportunité de faire bonne figure sur la scène internationale, on aboutit du 22 au 25 novembre 1999 à la réunion d'une conférence tribale à Rome. Regroupant 76 Afghans de toutes tendances politiques, mais aucun proche des talibans, elle concrétisait le lancement effectif du processus entamé deux ans plus tôt avec Karzaï, désormais connu sous le nom de « processus de Rome », et que la DGSE appelait toujours « le plan Berthault ».

Parvenir à organiser cette réunion à Rome représentait un tour de force, car il fallait, outre le financement, obtenir les visas, y compris pour des personnes qui n'avaient jamais voyagé. Ce fut dans le palais Renaissance du Lungotevere, qui n'avait jamais vu passer que des mitres et de la pourpre, un aréopage étonnant de turbans de toutes les couleurs et de toutes les formes, chacun symbolisant une ethnie particulière, à l'instar des tartans des

Écossais. Je me rendis plusieurs jours avant à Rome, pour coordonner l'action avec Karzaï, et y trouvai, installé comme chez lui, un Américano-Afghan dont je n'avais jamais entendu parler, Zalmay Khalilzad, qui fit tout son possible pour m'évincer des débats au prétexte qu'ils « étaient réservés aux seuls Afghans ». Je vérifiai ainsi ce que j'avais pressenti : Hamid Karzaï s'était rapproché des États-Unis, enregistrant auprès d'eux des progrès dont il ne m'avait pas fait la confidence. Je ne pouvais pas lui en vouloir de céder aux sirènes américaines, à lui qui avait tout attendu de la France. On estimait au Département que le maintien d'un représentant de la France au sein de la mission de l'ONU, où un collègue français avait pris ma suite, devait suffire à donner les apparences d'un intérêt pour la crise afghane. En dépit de l'occasion ratée pour la France de faire valoir la pertinence de sa diplomatie, j'étais satisfait de la tournure que prenaient les choses car le dossier avançait enfin comme nous l'avions souhaité, Hamid Karzaï et moi-même. Au fond, peu m'importaient les moyens.

J'essayai de profiter de l'occasion pour intéresser nos médias, et obtins que l'événement soit couvert par le représentant de France Télévision à Rome. Mais le reportage ne fut jamais diffusé, sa programmation ayant été annulée au dernier moment. La presse préférait visiblement couvrir le sujet à travers le seul prisme des horreurs perpétrées par les talibans. Le sensationnel, toujours.

Un combat bien solitaire

Fort de cette avancée italienne, je redoublai d'efforts en direction de nos milieux politiques, parlementaires, cabinets ministériels dont je fis le siège, me tournant vers l'Élysée et Matignon, car nous étions en cohabitation. Il fallait en effet aux résultats engrangés à Rome ajouter l'intérêt des principaux pays de la communauté internationale. À l'Élysée, il m'avait été confié que le président Chirac lisait mes télégrammes avec intérêt, demandant que tous lui soient montrés, et qu'il lui arrivait de les annoter, réelle satisfaction à une époque de surinformation où les télégrammes diplomatiques, arrivant chaque jour par milliers du monde entier, ne sont plus guère lus, ou alors en diagonale. Un conseiller du Président m'avait dit que parmi les plus importants lobbies pro-étrangers de notre complexe militaro-industriel, il y en avait un contre lequel rien ne pouvait alors être entrepris : le lobby pro-pakistanais, car nous étions encore un des grands fournisseurs d'armements au Pakistan, chasseurs *Mirage* et sous-marins surtout. Toute entreprise qui s'en prenait frontalement à ce que les Pakistanais, qui s'entêtaient à promouvoir la chimère des talibans, croyaient garantir leurs intérêts vitaux, était donc nécessairement regardée dans les hautes sphères parisiennes avec circonspection. Nous avons depuis lors troqué notre tropisme pakistanais pour celui de l'Inde, et n'avons pas perdu au change.

Au cabinet du ministre, j'étais aussi allé plaider la cause d'une alternative politique en Afghanistan auprès de Bruno Le Maire, qui m'avait longuement écouté et ne s'était pas vraiment avancé. Je n'en étais pas moins ressorti convaincu de sa belle intelligence. Sans doute parce qu'il m'avait au moins entendu, et qu'il avait parfaitement compris l'intérêt de ce que je lui exposais, ce qui était loin d'être toujours le cas de mes interlocuteurs du Quai d'Orsay. Mais il était bien placé pour savoir qu'au Quai d'Orsay, on s'évertuait surtout à ravauder les crises à mesure qu'elles se présentaient, et qu'il n'y avait guère de place pour des opérations à long terme, surtout si elles devaient s'avérer coûteuses.

Outre ce manque d'écoute, je me dois de rapporter aussi les suites d'une rencontre avec Danielle Mitterrand. J'avais pris contact dans les premiers mois de mes fonctions de chargé d'affaires à Kaboul avec toutes les ONG qui travaillaient dans ce pays, dont la plupart avaient leur siège à Paris, afin d'identifier des axes de coopération, et de voir aussi quelles bases de réflexion nous pourrions mener ensemble. Un jour, mon téléphone sonne, et Danielle Mitterrand demande si je peux passer la voir en ses bureaux de la fondation France libertés pour parler de l'Afghanistan.

En fait, ce qu'elle veut, c'est comprendre la crise afghane. Vaste programme. Je me lance dans des explications forcément complexes, évoquant la situation limitrophe, et l'ingérence de deux pays majeurs, l'Iran et le Pakistan, le dernier soutenant à tout prix les talibans, alors que le premier s'oppose à eux par tous les moyens et soutient leurs ennemis de l'Alliance du Nord. Madame Mitterrand me tient alors des propos extraordinaires, difficiles à imaginer de la part de la veuve d'un chef d'État dans un pays aux responsabilités de premier plan comme le nôtre : « Mais vous dites que les talibans sont sunnites, comment se fait-il que l'Iran ne les soutienne pas ?

— Madame, comme vous le savez, les Iraniens sont chiites.

— Mais les Iraniens ne sont-ils pas moins méchants que les talibans ? »

Et le tout à l'avenant.

La conversation va de contresens en contresens... J'en ressors abasourdi, mais amusé. Bredouille aussi, car elle me dit que France libertés n'a pas d'argent à consacrer aux populations afghanes. J'avais oublié cette histoire quand le directeur d'Asie de l'époque, apprenant qui j'étais allé voir, épouvanté à l'idée des décisions hasardeuses que cela risquait d'engendrer, craignant surtout de subir une disgrâce du tout-puissant cabinet du ministre ou, pire encore, du Palais, me fit le vif reproche de cette rencontre, comme si j'eusse comploté contre l'État, signe du désarroi de notre diplomatie par rapport à la crise afghane. On ne m'avait jamais fait le moindre reproche sur mon travail politique, où j'appliquais à la lettre les instructions que je m'étais moi-même concoctées (les outrepassant même quelque peu pour aider au processus de Rome), mais on ne comprenait pas grand-chose à la question afghane, et cela finit par irriter. L'Afghanistan dérangeait, et je finis par déranger moi aussi.

Au début de l'an 2000, la situation politique des talibans avait beaucoup évolué, car les États-Unis avaient réussi à convaincre les derniers pays récalcitrants de voter des sanctions contre leur régime. Leur première posture plutôt favorable à l'Émirat islamique avait vite laissé place à une méfiance grandissante, de sorte qu'il est inexact de dire, comme l'a fait une certaine presse européenne pendant des années, que les talibans avaient d'abord été leurs créatures. Elles étaient celles des Pakistanais et de quelques pays du Golfe arabique, que Washington, devant la situation inextricable de l'Afghanistan, avait laissé faire, avant de prendre conscience que leurs protégés jouaient un jeu dangereux qui allait bientôt se retourner contre eux. 1998 avait marqué un tournant dans l'analyse des États-Unis, qui avaient mis fin à leur posture attentiste, adoptant des sanctions unilatérales qu'ils avaient aussitôt essayé d'imposer aux autres puissances. Il était donc question depuis cette époque d'un vote de sanctions aux Nations unies, et je m'employai à déjouer cette perspective : je restai longtemps le seul diplomate occidental à être conscient que les talibans n'étaient pas un groupe homogène. Je les savais faits de bric et de broc, comprenant des éléments complètement fanatisés et irrécupérables, mais aussi des transfuges d'anciens partis *moudjahidin* et des opportunistes, sans compter des hordes de pauvres hères, ou de repris de justice, qui voulaient profiter des occasions qu'offre toute situation de pouvoir pour leurs rapines et leur stupre, comme les *moudjahidin* l'avaient fait avant eux durant la guerre civile.

Au sein de l'appareil dirigeant, de nombreux modérés, j'étais bien placé pour le savoir, tentaient de promouvoir une ligne de communication avec le monde occidental, s'efforçant aussi de contenir le régime dans ses pires exactions, et ils y parvenaient encore. La seule monnaie d'échange dont ils pouvaient disposer auprès des radicaux aurait été un progrès sur la question de la reconnaissance internationale de leur régime. Non seulement il n'y avait aucun progrès, mais encore, les sanctions menaçaient, ce qui ne faisait que raidir les extrémistes et rendre intenables les efforts des modérés. Si je partageais pleinement le peu d'appétence de notre classe politique et de notre opinion vis-à-vis des talibans, je ne comprenais pas pourquoi, alors que nous affichions une proximité avec les États du Golfe, nous ne pouvions pas travailler les talebs au corps de sorte d'accroître la fracture entre le courant modéré et la ligne dure, et de marginaliser cette dernière ; c'est la raison pour laquelle je tentais, dans ma communication avec Paris, d'empêcher la France de rejoindre le camp des pays souhaitant imposer les sanctions, sachant que cela aurait immanquablement pour effet d'affaiblir les tenants de la ligne favorable à la coopération internationale et de faire triompher les fous furieux. J'en convins certains, puis l'influence d'une presse unanimement hostile fit rapidement pencher la balance de l'autre côté.

L'adoption de sanctions et l'institution d'un comité des sanctions par le Conseil de sécurité le 15 octobre 1999 marqua un tournant important. Le gel des avoirs à l'étranger fut décrété, de même qu'un embargo aérien et une interdiction de voyager à l'étranger pour les dirigeants du régime. La France adopta cependant un profil bas durant les discussions préalables au vote, fondant sa position sur la nécessité de ne pas précipiter la population afghane dans une misère noire, et continua d'interpréter de façon conciliante certaines dispositions du texte, telle l'interdiction de voyager, accueillant d'ailleurs sans difficulté certains responsables talebs en France (le ministre de la Santé en particulier, l'interdiction ne concernant pas les déplacements liés à des préoccupations humanitaires). Mais en décembre 2000, les sanctions (sur les livraisons d'armes en particulier) furent durcies à New York, et la France vota cette fois le texte sans la moindre réserve.

Je me souviens d'une réunion au printemps de 2000 à la Direction des Nations unies et des organisations internationales du Quai d'Orsay, où j'avais expliqué que les talibans avaient finalement décidé d'éradiquer la culture du pavot. Il y avait eu un décret dans ce sens du mollah Omar, et je détenais de nombreux témoignages d'ONG qui avaient constaté sur le terrain, en maints endroits contrôlés par les talibans, que ces cultures avaient disparu, ce qui était d'ailleurs confirmé par les représentants du PNUCID*. De leur part, c'était un signal de bonne volonté adressé à la communauté internationale après le vote des sanctions en 1999. On ne voulut pas me croire. Comme les talebs étaient « méchants », il fallait leur attribuer tous les péchés de Jérusalem, et cette vision simpliste, si peu digne de la tradition de fine intelligence de l'Orient qui avait été la nôtre depuis des siècles, me rappela madame Mitterrand et sa vision manichéenne au sujet des « gentils et des méchants ». Je citai plus précisément mes sources provenant de membres d'ONG qui avaient parcouru des centaines de kilomètres et qui avaient vu de leurs yeux que les cultures de pavot étaient arrachées, les chiffres et les témoignages concrets des experts du PNUCID, les lamentations qui m'étaient rapportées de la part de paysans afghans qui se désespéraient de voir leurs champs détruits et de la perte de leur revenu. J'expliquai que l'Émirat islamique n'avait peut-être pas pris cette décision pour faire plaisir aux Occidentaux, mais surtout parce qu'il était tout simplement apparu au mollah Omar que la culture de la drogue était incompatible avec la doctrine de l'islam. Mais rien n'y faisait, on me rétorqua tout de go que ce n'était pas vrai, et que si cela l'avait été, ce n'aurait pu être que pour faire monter les cours, thèse avancée sans aucune preuve par certains articles de presse.

Cette affaire de PNUCID me conduit à une plaisante digression, car elle me rappelle un déjeuner à l'ambassade, où j'avais convié l'un de ses hauts dirigeants, de passage à Kaboul. J'étais en Afghanistan depuis un bon moment, et je m'étais mis en tête de redonner à notre parc, que j'avais connu vingt ans plus tôt, son lustre d'antan. Criblé de munitions, dont certaines n'avaient pas explosé, c'était devenu un grand champ tout sec avec des arbres centenaires et des herbes folles. J'avais engagé un jardinier, et m'étais rendu au bazar pour y acheter de quoi replanter. J'avais demandé des graines de fleurs de deux couleurs différentes, et on

* Programme des Nations unies pour le contrôle international des drogues (PNUCID).

m'avait proposé des fleurs rouges et d'autres jaunes, dont j'avais acheté des sacs entiers. Les graines avaient été plantées dans la foulée, et le parc dûment arrosé. Je ne connais rien au jardinage, mais partout où je suis passé, j'ai fait planter, surtout des arbres fruitiers, sans oublier les plates-bandes.

Quelques mois plus tard, en arrivant à l'ambassade au printemps, je vis que la nature avait fait son œuvre, et que le parc était couvert d'une forêt de coquelicots et de soucis jaunes ; cela redonnait de la gaieté, et j'en étais ravi.

Pour mon invité du Programme des Nations unies pour la lutte contre les stupéfiants (PNUCID), j'avais prévu un déjeuner sur la terrasse, de sorte qu'il puisse profiter d'un moment agréable dans ce parc redevenu plaisant à l'œil. Et il faillit s'évanouir dès qu'il fut introduit à l'extérieur de la résidence : j'avais à mon insu planté un parc de deux hectares de pavots à opium, par milliers. Hélas, je suis un homme des villes !

Un banquet contre-nature

J'avais dit à mes interlocuteurs du gouvernement de Kaboul que nous ne souhaitions pas céder aux sirènes américaines et voter les sanctions, mais la messe était dite, et désormais nos conversations n'avaient plus guère de contenu. Cela créait un climat très défavorable à nos ONG, qui en subissaient le contrecoup, et me faisait redouter des représailles en cas de victoire du camp radical, ce que je voyais se profiler.

Je me heurtais depuis des mois à un mur avec les talibans, ne parvenant plus guère à trouver des prétextes pour des conversations pourtant indispensables à la stratégie d'équilibriste que je m'étais fixée. En effet, les incidents se multipliaient avec certains éléments de nos ONG, qui me faisaient craindre chaque jour davantage pour la sécurité de nos ressortissants. Par ailleurs le reproche m'était adressé de façon toujours plus insistante, à Kaboul comme par certains de mes contacts officieux au Pakistan, que la France avait choisi son camp et aidait le commandant Massoud ; l'argumentaire était désormais étayé par des données que les Pakistanais croyaient tangibles, et la livraison supposée de missiles *Milan* à l'ennemi des talibans m'était opposée depuis quelque temps comme la preuve irréfutable d'une hostilité ouverte à l'Émirat islamique. En conséquence on me faisait valoir que la relation que je prétendais établir était en contradiction avec notre politique.

Enfin, mes activités au Pakistan avec Hamid Karzaï n'échappaient pas aux services secrets de ce pays, qui informaient désormais leurs protégés de Kaboul, preuves à l'appui, de mes faits et gestes en liaison constante avec lui. Et d'en souligner la difficile compatibilité avec mon souci de dialogue, sans compter la question des sanctions. Une fin de non-recevoir était de plus en plus souvent opposée à mes demandes de rendez-vous, j'étais dans une impasse, et je n'allais bientôt plus pouvoir fonctionner utilement, sans compter les risques que cette situation faisait désormais peser sur la sécurité de notre communauté comme sur la mienne.

C'est alors que j'eus l'idée de prendre une initiative spectaculaire : inviter à un grand déjeuner tous les membres du gouvernement taleb. Dans la situation où se trouvait le prétendu État islamique d'Afghanistan, désormais isolé du monde, cette proposition parut d'abord incongrue à ses dirigeants et quelque peu inquiétante, mais ils finirent par se laisser tenter et la réponse, positive, arriva une dizaine de jours plus tard. Il y eut de nombreux conciliabules, portant sur des aspects protocolaires. L'invitation serait-elle une et indivisible, ou inviterais-je chacun des membres du gouvernement ? Je fis savoir que je conviais le gouvernement en bloc, et qu'il lui appartenait de me faire savoir quelles personnalités pourraient se libérer et participer à cette invitation. N'ayant pas de secrétariat, fonction assurée avec une inlassable patience par mon officier de sécurité, l'excellent Roger Oria, et répugnant à utiliser les bristols jaunis et racornis qui avaient survécu aux dernières décades, je n'avais guère de moyens techniques, aussi je me réjouis de voir acceptée mon invitation collective.

Surgirent alors de nombreuses questions d'ordre sécuritaire. Le chef du protocole me fit savoir que chacun des membres du gouvernement viendrait accompagné de trois gardes armés qui devraient pénétrer à l'intérieur de l'ambassade et jusque dans la salle à manger où devait avoir lieu le déjeuner. Cela aurait fait un régiment en armes à l'ambassade de France ! Visiblement, les talibans, maîtres de Kaboul, avaient peur d'un guet-apens qui aurait pu être échafaudé par le petit chargé d'affaires français et son garde du corps, et je décidai de m'en amuser avec eux, leur demandant si j'étais décidément aussi effrayant qu'ils paraissaient le craindre.

Naturellement, je ne pouvais accéder à une demande aussi inquiétante et, après bien des palabres, il fut décidé que pour la bonne vingtaine de membres du gouvernement taleb qui viendraient déjeuner, il y aurait tout de même un nombre équivalent de gardes en armes, qui auraient accès à l'intérieur de l'ambassade, mais dans un bâtiment distinct de celui de la résidence, celui de l'ancien service commercial, et qu'en aucun cas ils ne pénétreraient à l'intérieur de la résidence.

Il s'agissait pour moi d'organiser un repas destiné à manifester notre souci de dialogue et de « lever les malentendus ». Il était primordial pour l'avenir de ma mission que ce banquet constitue une expérience nouvelle, unique, inoubliable, pour chacun des convives, et je m'y employai avec toute mon énergie. J'ai toujours attaché un soin particulier à mes réceptions, qui n'ont pas peu contribué au bon déroulement de certaines de mes missions diplomatiques ou consulaires. Je voulais qu'en quittant la table, ces invités improbables se convainquent que la France ne devrait pas être considérée comme leur ennemi. Je faisais ce jour-là un quitte ou double, et n'avais pas le droit à l'erreur.

L'élaboration d'un menu approprié était un casse-tête. Je savais bien que pour les talibans comme pour le reste du peuple, la seule nourriture mangeable était la cuisine nationale. C'est une constante universelle que moins les gens sont éduqués, moins ils sont tolérants sur le chapitre des cuisines du monde. Je n'ignorais pas non plus que les musulmans fondamentalistes répugnent à partager le repas d'un « infidèle », craignant que leurs aliments ne se soient trouvés en contact avec du porc. En même temps, j'avais du mal à résister au désir saugrenu de leur faire partager un peu de cuisine française. J'en parlai aux excellents domestiques de la résidence : quatre hommes demeurés à son service depuis des années, et dont certains avaient connu l'époque où l'on recevait à l'ambassade la très francophone aristocratie et la famille royale et qui, passés par les affres des révolutions communistes, des tortures, des arrestations arbitraires, et par les régimes les plus épouvantables, étaient restés imperturbablement à leur poste. Ils avaient protégé l'ambassade du sort qui avait frappé la quasi-totalité des missions étrangères durant cette période : les pillages, dont l'ambassade avait été épargnée, en grande partie grâce à leur zèle et à leur fidélité. Ils n'en seraient remerciés que plusieurs années plus tard, lors d'une émouvante cérémonie d'hommage à l'aéroport de Kaboul, tenue par un détachement français de la coalition internationale. Je n'étais alors plus à Kaboul et regrettai vivement de n'avoir pu y participer.

Ils me convainquirent que je ne pourrais en aucun cas faire un repas véritablement français. Il pouvait y avoir éventuellement une touche française çà et là, mais il était indispensable que le plat de résistance fût un *palao*, le plat national afghan. C'était l'évidence même. Je demandai aux cuisiniers de faire en sorte que ce plat soit digne de l'ancienne table royale, un *palao* de l'âge d'or de la monarchie, où tout était parfait quand la famine ne faisait pas des centaines de milliers de morts ; on croyait se souvenir que le pays croulait alors sous les cornes d'abondance. Il me fallait un *palao* de rêve, que son riz soit garni de noix de cajou et d'amandes, des raisins juteux d'autrefois, qu'il eût une allure sublime, que les pièces de mouton soient innombrables et fondantes, que ce soit la pièce de résistance d'un roman de Kessel, avec la cour en toile de fond.

La totalité du personnel haïssait profondément les talibans. Nous n'en parlions guère, mais c'était une évidence. Je ne crois pas qu'ils m'aient jamais soupçonné de la moindre complaisance à leur endroit, même lorsque j'évoquai ce projet, qui aurait pu légitimement leur paraître incompréhensible. Mais je ne pouvais m'empêcher de nourrir quelques craintes que dans les délicieux raisins secs du Chamali, supérieurs aux meilleurs raisins de Corinthe, les jus de fruits, ou encore l'eau de cuisson du riz, ne fussent versées quelques gouttes de poison destinées à mes invités, ce qui ne m'aurait pas davantage assuré une fin enviable.

Réunissant les domestiques, je leur déclarai que cette affaire était importante pour moi, et que je n'avais pour toute ambition que de favoriser le retour à la paix. Un jour ils comprendraient. Qu'ils fassent simplement ce que je leur demandais, et du mieux qu'ils pouvaient. Ils répondirent qu'ils avaient déjà compris, et que je n'avais pas de souci à me faire. Je crois aussi qu'ils s'amusaient de cette résurrection de l'ambassade, même à la manière d'un opéra-bouffe, et pour un jour seulement. En fait, nous nous comprenions fort bien sans mot dire. Nous optâmes, en sus du *palao* comme plat principal, pour une entrée bien française, toute en fraîcheur exquise, à base d'asperges et de crudités raffinées, suivie d'un soufflé au fromage, et pour un dessert bien français lui aussi : une vraie crème caramel ornée de fruits rouges.

Malgré les pillages et les révolutions, l'ambassade avait conservé intacts une bonne partie de sa vaisselle, ainsi que les restes de son argenterie et de sa cristallerie, échappés à la précaution qu'avait cru devoir prendre l'un de mes prédécesseurs d'en entreposer les plus belles pièces à l'ambassade d'Allemagne, réputée plus sûre, et qui avait brûlé sous un bombardement lors des affrontements entre le commandant Massoud et Hekmatyar*. J'avais miraculeusement retrouvé, en faisant découper plusieurs armoires fortes au chalumeau, dont personne ne savait ce qu'elles contenaient, une énorme quantité d'argenterie ancienne, qui avait été oubliée là depuis les débuts de la guerre civile. Et si les nappes et les serviettes, en chantilly, en lin, en organdi, certaines brodées aux initiales de la République, commençaient sérieusement à

* Gulbuddin Hekmatyar (né en 1947) : chef de guerre et homme politique afghan, Premier ministre de l'État islamique d'Afghanistan entre 1993 et 1994 puis de 1996 à 1997. Il a longtemps été considéré comme un terroriste par la communauté internationale.

s'effilocher, il y avait encore de quoi faire illusion. Je déployai tout ce qu'il y avait de moins fané, de moins ébréché, et nous voici à organiser le grand bal des talibans.

Le jour de la réception, la table était aussi grandiose qu'il était possible à Kaboul. C'était certes une pâle copie d'un banquet d'État à l'Élysée ; rien n'était au cordeau et tout sentait son tiers-monde mais les apparences étaient là et j'étais conscient que la plupart de mes invités allaient s'asseoir et manger à une table pour la première fois de leur vie. Autant que ce fût une table impressionnante. J'avais aussi envie, je dois le confesser, de leur imposer quelque exercice inspiré d'une fable de La Fontaine, à savoir leur fournir toutes sortes d'ustensiles qu'ils ne sauraient guère utiliser : quatre couteaux à droite, quatre fourchettes à gauche, et une cuiller à entremets dissimulée au sommet de l'assiette. C'était là mon petit plaisir pervers. Après tout, Kaboul manquait singulièrement de divertissements et c'était un amusement innocent que de toute façon j'allais être le seul, avec Roger, à pouvoir vraiment savourer. Je savais néanmoins que je le ferais tacitement partager aux domestiques, qui allaient sans doute s'employer à démontrer tout leur talent intimidant de maîtres d'hôtel obséquieux et hautains à la fois. Ils allaient s'amuser, eux aussi, à torturer nos hôtes avec notre service à la française, en leur présentant des plats munis de ces énigmatiques couverts en argent.

Avant leur arrivée nous avions dû régler un certain nombre de détails techniques, le diable, comme chacun sait, étant caché dans les détails. La résidence, construite dans les années 1960 et meublée par le mobilier national, s'était vu attribuer quelques « œuvres d'art », d'assez médiocre qualité, reflétant bien la hiérarchie parisienne. À grande ambassade, mobilier royal, à ambassade moyenne, mobilier moyen, un peu d'esbroufe, un peu de marbre et des tapisseries de second rang, à petite ambassade, les déchets, tout ce dont nos « grands commis de l'État » ne voulaient pas. Notre poste de Kaboul avait à l'évidence été classé dans la catégorie « poste moyen », ayant échappé à l'infamie de la dernière catégorie pour avoir été inauguré par le Premier ministre Pompidou en Mai 68, ce qui avait requis un minimum de décorum ; il avait donc fallu, pour la circonstance, un peu de faux faste, dont les restes, demeurés en ces lieux désertés, s'abîmaient peu à peu.

Il y avait en particulier deux statues de marbre représentant des femmes nues, œuvres de l'époque Napoléon III ou de la IIIe République, de facture plutôt médiocre. Je m'étais habitué à tel point à ces sculptures que je ne les voyais plus, et il en allait sans doute de même pour le personnel qui, depuis le temps qu'il était employé à l'ambassade, n'y voyait plus que des pierres d'un entretien inutile, ce qui avait eu pour mérite de leur donner, à défaut d'une belle patine, une bonne couche de crasse. Je pris conscience vingt minutes avant l'arrivée des convives qu'il fallait à tout prix recouvrir ces statues de nus, qui auraient pu être interprétées comme une insoutenable provocation, car nous n'avions plus le temps de les transporter à l'extérieur des pièces de réception : elles pesaient un âne mort.

Et de les recouvrir *illico* de draps. Quant aux tableaux, portraits, etc., ce fut vite fait. Il suffisait de décrocher ce qui représentait des êtres animés et de les placer fissa dans un couloir hors de la vue des invités ; restaient çà et là sur les murs défraîchis du salon les traces accusatrices des cadres que nous venions d'ôter. Les cristaux donnèrent lieu à des mises au point avec les serviteurs, qui se demandaient s'il fallait bien tous ces verres ; ils s'inquiétaient que je ne sorte en catimini et au dernier moment l'une de nos dernières bouteilles de vins, ce qui n'aurait pas manqué d'être perçu comme un inacceptable manquement, et de leur attirer de sérieux ennuis, même si l'usage en avait été réservé à moi seul. Telle n'était pas mon intention, mais plutôt de donner l'illusion d'une table française. Un jus de fruits adapté par son goût et son degré d'acidité à chaque plat ! Et pas question de servir du coca-cola, dont je savais mes convives étrangement friands.

Les invités arrivèrent presque tous en même temps, soit le gouvernement afghan quasiment au complet. Ce fut un convoi extraordinaire de voitures noires aux vitres fumées, précédées et suivies de Jeep hurlantes couvertes de grappes d'hommes brandissant leur Kalachnikov ou la portant en bandoulière. Le portail béant laissait passer cette horde dont le flot paraissait ne jamais devoir se tarir et je ne pouvais me retenir de penser au sort des diplomates britanniques lorsque leur mission fut envahie à l'issue de la seconde guerre anglo-afghane, à leur résistance désespérée et à leur mort tragique, diplomates et officiers ayant été massacrés jusqu'au dernier et leurs corps, profanés et démembrés. L'Afghanistan n'avait guère changé depuis lors, mais le contexte était différent et cette intrusion ne se faisait pas à l'issue d'un siège. Mon invitation était régie par le code sacré de l'hospitalité : je me devais à mes convives, tenus de leur côté par le devoir incontournable de respecter leur hôte, comme il se doit dans la culture pachtoune. Ainsi me rassurais-je, mais je ne me persuadai pas moins de l'importance qu'il y avait à ce que cette extravagante réception se déroulât d'une façon impeccable.

Tout advint presque comme prévu : la plupart des ministres se présentèrent en même temps, le chef du protocole les ayant précédés. Leurs gardes du corps se faisaient conduire sans façon dans l'ancien service commercial, où un repas était servi sur des tapis au sol, mais nous dûmes parlementer quelque peu lorsque deux ou trois d'entre eux, munis de leur mitraillette, voulurent accompagner leurs chefs, parmi les plus importants dignitaires, à l'intérieur de la résidence. J'exigeai qu'ils rejoignent les autres dans le bâtiment qui leur était réservé, ce qui fut finalement accepté. Nous voici désormais dans le grand salon, debout d'abord, puis assis en petits groupes sans qu'un apéritif puisse aider à détendre une atmosphère surnaturelle.

Mon personnel avait arboré sa tenue des grands jours, grands turbans et pantalons bouffants, gilets et chaussures brodés à la façon des Moghols, qui leur conféraient un caractère d'un autre temps. Car si le peuple sous domination talibane avait l'obligation d'être entièrement vêtu à l'afghane, il n'avait plus très fière allure ; l'incurie de l'Émirat islamique en avait fait une populace en haillons, sortie d'un album de gravures de gueux ou de scènes des misères de la guerre de Jacques Callot* qui eussent été d'inspiration orientaliste. Nos serviteurs, eux, avaient revêtu tous les attributs de la noblesse et de la fierté immémoriales du pays. Nous étions vraiment en Afghanistan ce jour-là à l'ambassade, et mes hôtes étranges allaient être bien obligés d'admettre qu'en dépit de l'exotisme de cette demeure occidentale, l'image de leur propre pays qu'elle leur renvoyait lui faisait honneur.

Les domestiques surgirent avec de grands plateaux en argent recouverts de friandises et de jus de toutes sortes. Tout le monde s'assit, mais très vite après s'ensuivit un silence de mort. Tout était incongru pour mes hôtes : l'ameublement, ces fauteuils sur lesquels il fallait s'asseoir, au lieu de s'installer confortablement accroupi par terre, cette ambiance inconnue, ces livres partout, sur des tables basses, où ne figurait même pas le seul qui comptât, le Coran sacré. Cette étrange façon de vivre qui transpirait de chaque objet, ces murs ornés sans la moindre sourate du livre saint en lettres d'or sur fond de velours comme il se doit en Afghanistan, le tout encadré d'une baguette de bois dorée à la bombe, un *must* qui décidément faisait défaut. Il y avait aussi des tapis au sol, et non accrochés aux murs comme il se doit, et cet hôte qui marchait en chaussures à l'intérieur de sa propre maison.

Comment se comporter avec cet infidèle de représentant de la France ? Ma méconnaissance de la langue pachtoune n'aidait pas beaucoup au réchauffement de l'atmosphère. Seuls deux ou trois d'entre eux parlaient anglais, et j'eus vite épuisé ma capacité de faire l'aimable en persan ou en arabe avec des invités dont la plupart, à peine descendus de leurs montagnes pour devenir ministres, ne parlaient pas ces langues mieux que moi. Si tous connaissaient par cœur nombre de sourates du Coran, la plupart n'en comprenaient pas complètement le sens, à l'exception de ceux qui avaient fait de vraies études coraniques.

Nous étions assis en petits groupes, et je vis alors que tous les regards étaient tournés vers un seul et unique angle du grand

* Jacques Callot (1592-1635) : dessinateur et graveur lorrain.

salon : l'une des statues de marbre blanc, mal recouverte par son drap, laissait entrevoir un pied, un début de cheville et un mollet dont on voyait bien qu'il était celui d'une femme toute blanche, à la lisse peau de pierre, dont tous ces yeux cernés de khôl cherchaient à deviner les contours dissimulés, habitués qu'ils étaient à reconstruire en imagination les corps des femmes voilées. Ces regards inquisiteurs se demandaient avidement quelles splendeurs défendues avaient ainsi été rendues inaccessibles. Nos enturbannés, me dis-je, sont des Michel-Ange faisant surgir sous la gangue les formes humaines. Bref, mon initiative avait produit l'effet contraire à celui recherché, mes statues étant bel et bien au centre de l'attention générale.

Privé des ressources de la conversation à la française, et donc de toute capacité de diversion, je fis savoir que nous allions « passer à table ». Moment inoubliable : comme la table de la grande salle à manger n'était pas assez longue pour accueillir la totalité du gouvernement, nous avions dû dresser une table dans la petite salle à manger attenante, de sorte qu'il fallut une bonne dizaine de minutes de conciliabules avec le chef du protocole pour faire admettre à ceux qui se trouveraient dans la petite salle à manger qu'ils n'étaient pas tenus à l'écart. C'était, bien entendu, une affaire de rang protocolaire fort difficile à faire admettre aux fiers Pachtounes qu'étaient mes invités. Les choses rentrèrent dans l'ordre, et le repas commença. J'avais en face de moi le ministre de la Culture, à ma droite celui des Affaires étrangères et à ma gauche celui des Mines et de l'Industrie. Il manquait à cet aréopage le mentor du mouvement, le mollah Omar, qui certes avait été invité, mais qui, comme je m'y attendais, avait décliné l'invitation. Il résidait toujours à Kandahar et n'avait jamais accepté la moindre rencontre avec des étrangers, à l'exception de quelques Pakistanais et d'un chanceux journaliste américain. Mais presque tout le reste de l'appareil d'État était présent.

Le premier plat fut servi à l'assiette. C'était une salade belle et compliquée, inventive, très bien décorée. Je ne me souviens plus quels en étaient précisément les ingrédients, sauf les asperges, que j'avais rapportées à dessein du Pakistan, mais je me souviens d'avoir pris un soin particulier à la composition des couleurs, des textures, des goûts. Je me rappelle en revanche que lorsque je fis la sauce en cuisine j'avais mis, en sus des mélanges d'huiles de noix et de noisette, un peu de vinaigre, en toute innocence, et sans me remémorer que bien entendu, le vinaigre est considéré par l'islam comme *haram*, illicite, puisqu'il contient une infime quantité d'alcool. Jamais je n'aurais fait cela de façon délibérée, car j'ai toujours pris un soin très particulier à m'assurer que rien dans les mets ne puisse contrarier les prescriptions religieuses d'une communauté ou d'une autre. Il m'est arrivé très souvent de présenter en pays musulman, lors des cocktails, des buffets de charcuterie non loin d'autres tables présentant des nourritures *halal*, car je me suis toujours refusé à m'abandonner au politiquement correct, mais toujours en multipliant de petits cartels indiquant que tel ou tel plat contenait du porc. Heureusement, je ne pris conscience de cette bévue du vinaigre qu'en y repensant quelque temps plus tard, pour la regretter.

La nouveauté de cette salade fut reçue avec la plus grande consternation par mes convives, non qu'ils eussent pris conscience de la présence de vinaigre, denrée qu'ils n'auraient pu identifier, ne l'ayant jamais goûtée, mais parce que le concept même d'un plat sans viande leur était rigoureusement étranger, paraissant indiquer de la part de l'hôte une extraordinaire avarice. Je pense qu'ils reçurent cet hommage de ma cuisine comme un plat d'herbes arrachées d'un jardin. Certains, jouant aux tyrannosaures de bonne compagnie, broutèrent donc légèrement, d'autres pas du tout. Aux moues désabusées, je sentis l'embarras monter en puissance.

Le deuxième plat arriva juste après, le soufflé au fromage. Étrangeté de l'aspect, de la substance, de la texture, de ce goût nouveau de l'emmenthal. On ne s'y hasarda pas beaucoup non plus, mais ce fut un très petit succès d'estime, apprécié du bout des lèvres, avec des moues de dégoût ou des airs de componction de premiers chrétiens menés aux lions, incapables néanmoins de réprimer çà et là quelque manifestation de désarroi face à l'épreuve. On ne vit pas beaucoup de morceaux de soufflé tomber dans les barbes.

La conversation ne pouvait être générale, en raison du grand nombre de convives, je m'efforçai donc d'attirer l'attention de mon voisin d'en face, et de mes deux voisins de gauche et de droite, commençant par un discours sur la politique de la France, et sur le grand intérêt que nous avions toujours eu pour le monde arabo-musulman. Mais l'art de la conversation est une affaire bien française, et il est un fait que dans bien des pays, lorsque l'on mange, on ne parle pas. On me répondait par des formules laconiques, qui faisaient retomber le dialogue. Ce fut donc un supplice, un de plus dans cette vie de frustrations.

Enfin le plat de résistance ! Je respire : un *palao* dressé sur d'immenses plats est servi non pas à l'assiette mais présenté successivement à chaque convive, comme je l'avais décidé. L'embarras fut grand lorsqu'il s'agit de s'emparer des grands couverts de service, aussi me parut-il courtois de montrer comment l'on faisait, et d'être donc servi en premier, à la façon d'un Giscard d'Estaing, qui avait cru devoir rétablir à l'Élysée l'étiquette de Versailles. Dès l'arrivée de ce plat et du fumet qui l'avait précédé, j'avais senti la situation s'améliorer. Mes invités se montraient plus détendus. Une fois le mets servi, on n'entendit plus que les bruits de mastication et de déglutition, couronnés par quelques rots de satisfaction. Les efforts de conversation étaient condamnés pour le moment et je n'essayai plus de la reprendre à ce stade. Toutefois, le ministre qui me faisait face crut devoir se montrer aimable, et me dit : « Mais c'est très bon, la cuisine française ! »

Ce à quoi, conquis, j'acquiesçai complaisamment : « Eh oui, la cuisine française, c'est bon ; comme la cuisine afghane. Et d'ailleurs, comme vous le voyez, c'est assez voisin.

— Oui, oui, c'est très voisin », dirent-ils en chœur.

J'avais vu le matin que la crème caramel, dont j'avais hélas laissé le soin aux cuisiniers, occupé que j'étais à mille autres détails, était un peu liquide, et je m'en inquiétais déjà. Depuis l'arrivée du fameux *palao*, le processus de digestion faisant son œuvre, le gouvernement de l'Émirat islamique était désormais au mieux avec la République française. L'ambiance s'était miraculeusement détendue et nous nous parlions désormais de tous côtés à bâtons rompus. J'évoquai avec le ministre de la Culture l'ancienne coopération archéologique qui nous tenait tant à cœur, avec celui de l'Industrie les anciens projets abandonnés depuis l'époque soviétique et le rôle que nous avions commencé à jouer dans le développement du pays quand les temps s'y prêtaient davantage, et avec le ministre des Affaires étrangères les dossiers brûlants, et en particulier la question des sanctions.

Absorbé par la conversation, je n'avais pas fait attention à l'arrivée des assiettes de ladite crème caramel ornée de fruits rouges, ni remarqué que tout le monde était servi. Me détournant un instant de mon entretien avec mon voisin de droite, je vis avec horreur que le ministre placé en face de moi, celui de la culture, n'ayant pas trouvé la cuiller à dessert, dissimulée par le sommet de l'assiette, en avait conclu que pour les entremets, les Français procédaient comme les Afghans, avec un geste de trois doigts de la main droite effectué d'un tour rapide pour se saisir d'une bouchée et l'enfourner. Les autres talibans l'ayant imité, je n'avais plus qu'à m'exécuter, et à tenter moi aussi l'exercice de la crème caramel à la main. Hélas le cuisinier l'avait décidément un peu ratée, elle était trop liquide, l'opération allait s'avérer délicate. N'ayant pas leur dextérité, dès ma première bouchée, le caramel me coula dans la manche jusqu'au coude et à la seconde, mon costume était taché sur tout le côté droit. Je me pris à détester l'éducation qui m'avait rendu incapable de manger avec les doigts, laissant le reste de mon dessert dans l'assiette, et vit que les talibans, goguenards, s'amusaient de mon manque de pratique, enfin, de leur point de vue, de mon défaut d'aisance en société et de savoir-vivre. J'avais voulu me divertir à leurs dépens avec ma fable de La Fontaine et son étalage de couverts, et j'étais donc justement puni.

À peine le déjeuner terminé, mes convives, comme il est d'usage dans la plupart des pays musulmans, partirent comme une volée de moineaux enturbannés. Et en quelques minutes, dans un concert de 4 X 4 et autres Mercedes noires, l'ambassade fut rendue à sa condition de mission diplomatique fantôme. Pour faire baisser la tension extrême où nous avait plongés cet exercice, mon garde de sécurité et moi-même nous jetâmes sur l'unique bouteille de whisky que nous avions rapportée d'Islamabad, glissée par mégarde dans la valise diplomatique...

Comme je m'y attendais, dès le lendemain, la presse et la radio nationale de l'Émirat islamique rapportèrent l'événement. Cela dut être mal compris par certains, et en particulier par le commandant Massoud, qui refusait d'admettre que dans le cadre de ma stratégie de balancier, ce fût un mouvement purement tactique.

Un déjeuner au palais des talibans

Quelques semaines plus tard les talibans, qui décidément connaissaient les usages, m'invitèrent à leur tour à déjeuner. Ils s'étaient installés dans l'ancien palais royal, pillé en 1929 lors de la prise de pouvoir par Batcha Saqao*, puis mis à sac en 1978 lors de la révolution communiste (le prince président et toute sa famille y avaient été massacrés). La demeure royale n'avait conservé de son faste que ses murs et ses volumes, et quelque chose de profondément sinistre transpirait de chaque pièce, comme si les murs eussent gardé les souvenirs de tant d'horreurs et de désespoir. Les marbres sur les sols et les efforts de décoration, quelques croûtes représentant des paysages qui pendaient de guingois et des tapisseries ornant les parois, peinaient à dissiper la mémoire des fusillades, des égorgements, des pillages.

Je fus fort bien reçu, seul invité parmi une trentaine de hauts responsables talebs. Je demandai, avant de passer à table, c'est-à-dire de m'accroupir autour d'un grand tapis sur lequel étaient disposés tous les mets, si je pouvais aller me laver les mains, et

* Batcha Saqao (1880-1929) : émir autoproclamé d'Afghanistan du 17 janvier au 9 octobre 1929.

fus alors conduit dans les anciennes toilettes du roi Zaher, attenantes à son ancienne chambre à coucher, transformée en bureau. Je constatai que les nouveaux maîtres du pays y avaient fait des travaux, peut-être leur seule opération de rénovation dans tout le palais à l'exception de bouchages de brèches occasionnées par des tirs de roquettes. Jugeant sans doute incongru de s'asseoir dans les toilettes, ils y avaient fait poser quelques marches en bois, de sorte à accéder à une plate-forme au niveau du sommet du siège, et de pouvoir confortablement s'y accroupir en utilisant ces toilettes « à la turque ». Ce détail me parut si plaisant que j'en racontai l'anecdote au roi Zaher lorsque je vins lui rendre visite quelque temps plus tard à Rome. Lui et son entourage en rirent jusqu'aux larmes : « Je vais, dit-il, si vous me le permettez, raconter cela à tout le monde. Ah, c'est trop drôle ! Ah, mes royales toilettes ! Ah, c'est bien une histoire afghane ! »

On me rapporta plusieurs années plus tard une anecdote similaire. Lors de la conférence de Bonn à l'automne 2001, héritière de celle de Rome deux ans plus tôt, réunissant une conférence des *leaders* tribaux et politiques afghans, les délégués avaient tous été logés dans un hôtel 5 étoiles, mais certains d'entre eux n'avaient jamais vu de toilettes et se demandaient comment utiliser ces équipements révolutionnaires. Jugeant le siège trop propre pour imaginer qu'il pût être destiné à l'usage qui était le sien, certains l'utilisèrent pour leurs ablutions rituelles, et s'y lavèrent principalement les pieds, jugeant cette innovation technique particulièrement judicieuse. Mais ne voyant aucun matériel qui pût être logiquement, à leurs yeux, utilisé comme toilettes, ils firent, comme il se doit, leurs besoins par terre, au grand désespoir des femmes de chambre, qui dans leurs cauchemars voient encore des turbans, des barbes et des étrons.

Avant le déjeuner, les talibans me dirent qu'ils voulaient faire la prière, et bien sûr ils voulurent la faire devant moi, impudique façon de proclamer et d'imposer leur foi. Je leur répondis que moi aussi, j'avais l'habitude de faire ma prière avant les repas, et que s'ils le voulaient bien, nous la ferions ensemble, chacun à sa manière. Ils furent désarçonnés par cette suggestion, mais ne purent s'y dérober. Sans attendre, je me mis à genoux, fis un signe de croix, et commençai un discret Notre Père, observant du coin de l'œil comment ils réagiraient à cela, pour constater que cela leur convenait tout à fait. Certes ils n'aimaient pas les chrétiens, mais le plus insupportable pour eux, c'était les mécréants. En forçant le trait de ma foi chrétienne, je venais de leur montrer que nous pouvions avoir des valeurs très voisines, marquant un point au mépris de mon agnosticisme.

Le déjeuner fut sinistre, et je ne parvins pas à animer la moindre conversation. Les talibans n'étaient à l'évidence pas rompus à l'art des dîners en ville, et je dus relancer le débat à maintes reprises. J'en garde le souvenir d'un des plus lugubres épisodes de mes années afghanes, mais il y eut un moment cocasse. Je pensai tout à coup au personnage légendaire du mollah Nasr Eddine auquel j'ai fait allusion plus haut, et aux histoires drôles dont il était toujours la victime, et décidai de me lancer dans ce genre nouveau pour moi. Je leur dis : « Quand je mourrai, je ne veux pas aller au Paradis.

— Ah bon ? Mais pourquoi ?, me fut-il répondu (se disant sans doute *in petto* que de toute façon, Allah l'avait réservé aux seuls croyants de la vraie foi et que les infidèles n'allaient pas au Paradis).

— Parce que cela fait maintenant quatre ans que je vous fréquente assidûment. Vous m'en trouvez ravi mais, pour l'éternité, c'est peut-être un peu trop long, vous ne trouvez pas ? »

Immense éclat de rire ! Ils ont adoré, cela a redonné de la bonne humeur et sauvé le déjeuner.

Ce qui le sauvait moins, c'était la nourriture : grande abondance de viande, évidemment. Mais en Afghanistan, on apporte tout en même temps, de sorte que tout était froid quand je m'assis par terre autour de la nappe. Et manger de la viande, froide, avec une cuiller, n'est pas chose commode…

J'en profitai pour demander ce qu'il était advenu de deux condamnés à mort dont la sentence avait défrayé la chronique à Kaboul : deux jeunes gens accusés de sodomie, péché capital, avaient été condamnés à être écrasés au stade par l'effondrement d'un mur renversé par un bulldozer. Le mur était tombé, mais cette nouvelle technologie ne devait pas être au point, car ils avaient tous deux survécu. Cette affaire avait suscité un grand effroi à Kaboul. Tout le monde s'était apitoyé, se demandant quel sort les attendait. Le ministre de l'Intérieur me dit : « C'est le jugement de Dieu, ils sont libres, ils peuvent faire ce qu'ils veulent.

— Alors ils vont pouvoir recommencer ?, hasardai-je (et tous d'éclater de rire).

— Mais oui, dirent-ils, mi-figue, mi-raisin, ils peuvent recommencer ! »

Vers la fin du déjeuner, alors que nous venions d'échanger quelques propos sur l'islam, et que mes interlocuteurs comprenaient désormais que j'étais bien au fait des préceptes de leur religion, on me demanda si je ne serais pas tenté de me convertir, puisque je connaissais les enseignements de la « vraie religion ».

Je répondis que cela n'aurait pas fait plaisir à ma mère, et qu'ils le comprendraient d'autant mieux que la leur n'aurait pu admettre qu'ils trahissent leur foi musulmane. Et que de toute façon, toute religion était un chemin vers Dieu. J'ajoutai que s'Il avait créé toutes choses, Il m'avait créé comme Il les avait créés, chacun avec sa propre religion. Ce qui les fit replonger dans un abîme de réflexions perplexes.

Depuis Islamabad, j'avais eu l'occasion de visiter quelques-unes des milliers d'écoles coraniques du Pakistan, car j'étais curieux de comprendre le cursus de leurs élèves. La plupart de mes hôtes afghans avaient étudié dans ce type d'établissement, leurs familles ayant émigré au Pakistan lors des vagues de départs consécutifs à l'instauration du régime communiste puis du chaos politique qui s'était ensuivi. C'est en effet le seul système d'enseignement qui soit gratuit, et les familles afghanes réfugiées, vivant généralement dans une grande pauvreté, n'auraient pu se permettre d'envoyer leurs enfants dans de coûteuses écoles privées. Ces *madrassa* n'enseignaient pratiquement que le Coran, qui doit être appris par cœur, souvent sans en comprendre la portée, s'agissant d'une langue étrangère, de surcroît dans sa forme archaïque du Moyen Âge, de sorte que les élèves n'ont qu'une compréhension très limitée de ce qu'ils apprennent. Et si des cours d'arabe sont dispensés pour pallier ce problème, les professeurs sont rarement qualifiés. Parmi les autres matières, on trouve les mathématiques, et les sciences naturelles, soit l'occasion d'observer que tout est dans le Coran. Il n'est évidemment pas question d'aborder les sciences occidentales. Si certaines écoles enseignent un peu d'anglais, je n'ai pas constaté que cet enseignement ait porté ses fruits.

À chacune de mes visites, j'ai abordé la question de l'enseignement du *djihad*, obtenant des réponses évasives. Car l'islam des docteurs de la foi les plus éclairés, ou encore celui des soufis, entend le *djihad* comme un combat perpétuel entre soi-même et les forces du mal, dogme régulièrement battu en brèche par les radicaux, dont l'interprétation en fait un instrument de conquête militaire par la violence, dérive utilisée de nombreuses fois au cours des siècles, en particulier pour donner un cadre légal aux aventures militaires et autres convoitises territoriales. Et je me souviens de l'orgueil manifesté par un directeur en me présentant son meilleur élève, qui pouvait réciter le Coran non seulement de la première à la dernière page, mais aussi « de la dernière à la première page », ce que j'eus un peu de mal à saisir. Voilà en tout cas qui allait en faire un bon musulman ! En attendant, il suscitait l'admiration de toute l'école.

Récréations avec les petites sœurs de Jésus

Il me fallait parfois, après de rudes moments, respirer un autre air, et je me tournais à l'occasion vers les petites sœurs de Jésus. Il n'y avait aucun chrétien parmi la population afghane, mais quelques ecclésiastiques avaient néanmoins entretenu depuis des décennies le flambeau de la religion chrétienne, sans le moindre prosélytisme. À l'époque de la monarchie, il avait été convenu que l'ambassade d'Italie renfermerait une chapelle où un curé italien pourrait dire la messe pour les expatriés catholiques. Il y avait eu le père de Beaurecueil et son centre d'enfants orphelins, déjà évoqué. Il y eut aussi le père Panigatti, qui mettait en scène les pièces de Molière pour les expatriés français, les faisant jouer comme dans la *commedia dell'arte,* mais aussi les petites sœurs de Jésus, qui suivaient le chemin du père de Foucault. Je les avais connues lors de mon premier séjour afghan, et elles avaient subi depuis lors les affres des révolutions et des guerres civiles avec une abnégation et un courage sans pareils. Elles habitaient un troisième étage à « Microrayon », lugubre quartier de barres d'HLM autrefois construit pour les cadres du parti communiste et les *apparatchik* du régime pro-soviétique. Une seule sœur française demeurait parmi celles que j'avais connues quinze ans plus tôt. Les deux autres, plus récemment arrivées, étaient une Suisse allemande et une Japonaise. Je les conviais parfois à déjeuner à la résidence, et ces moments furent parmi les plus joyeux que j'aie vécus dans mes années afghanes. Elles travaillaient dans le secteur humanitaire comme infirmières ou comme aides-soignantes, mais à cette époque une seule recevait un salaire mensuel, qui représentait 3 euros, avec lequel elles devaient vivre toutes les trois, tâche impossible. Aussi vivaient-elles de la générosité des centaines de personnes auxquelles, depuis tant d'années, elles avaient rendu de nombreux services, et qui s'efforçaient de partager avec elles le peu qu'elles avaient.

Le déjeuner auquel je les avais conviées dès nos premières retrouvailles était très français et copieux ; elles s'étaient jetées sur la nourriture comme des ogres, et jamais on n'avait vu des ogres aussi maigres. Je leur dis que j'avais trouvé des centaines de rations de combat à l'ambassade, mais qu'elles arrivaient à expiration, et elles rétorquèrent que ce n'était pas un problème pour elles, dans un pays où la plupart des gens n'avaient rien à manger. J'appris plus tard que le dimanche il y avait parfois bombance de rations de combat périmées après la messe, bien modeste péché de gourmandise.

Toujours préoccupé par leur situation, je leur annonçai lors de mon invitation suivante que j'avais dégagé une somme de quelques centaines d'euros par mois sur le budget de mon ambassade dédié aux Français nécessiteux, au profit de la religieuse française, mais qui ferait évidemment l'affaire de toutes. J'ajoutai que j'y mettais toutefois une condition : je n'ignorais pas qu'elles ne pourraient s'empêcher d'en donner une partie aux pauvres, mais elles devaient me promettre de se réserver toujours assez pour une « poule au pot » le dimanche. Elles acquiescèrent du bout des lèvres et je sus aussitôt qu'elles avaient fait un pieux mensonge. Nos déjeuners furent toujours très sympathiques, enjoués, et empreints de cette joie communicative qui venait sans doute de leur foi irradiante. Et pourtant, le récit qu'elles faisaient de leur vie quotidienne n'était pas réjouissant ; elles avaient peur de se faire battre quand elles sortaient dans les rues pour aller rendre leurs devoirs humanitaires, évidemment sans pouvoir, et pour cause, être accompagnées d'un *mahram* ; cela arrivait parfois, et ces coups de câbles électriques en pleine rue étaient douloureux et humiliants ; elles étaient aussi attristées par le sort fait aux femmes dans les établissements hospitaliers. Je saisissais l'occasion de chaque rencontre pour glaner des informations sur ce qu'elles pouvaient observer sur le terrain où elles opéraient, mais elles étaient avares de tels commentaires. C'est probablement par cette retenue qu'elles étaient parvenues à se maintenir à Kaboul à travers tous les régimes. Mais pourquoi restaient-elles à Kaboul dans un contexte si difficile ? « Pour témoigner, pour partager la misère des autres », répondirent-elles. Et la sœur française me dit les paroles suivantes, qui résumaient tout : « Nous sommes le paratonnerre du monde. »

Elles décidèrent un beau jour de ne plus se rendre à mes invitations. Sans doute avaient-elles eu des problèmes, malgré les précautions que je prenais pour que mes repas soient aussi discrets que possible. Mais je les revis une dernière fois chez elles pour un dîner très frugal, dans leur appartement de trois pièces, ou plutôt de trois cellules, où les plats étaient servis par terre. Je vécus ce moment comme une sorte de communion. Elles demeurent en bonne place dans mon cœur.

Le commandant Massoud dans son fief du Panchir

Les récréations n'ayant qu'un temps, il me fallait compléter mon sempiternel mouvement d'équilibriste et je décidai de forcer un destin jusqu'alors contraire et d'aller rencontrer le commandant Massoud dans sa vallée du Panchir, quitte à l'attendre à Douchambé durant des semaines, comme je l'avais déjà fait, en vain.

Il était fort compliqué d'y aller depuis le Pakistan, Massoud étant l'ennemi public numéro un des Pakistanais. L'ISI lui gardait une profonde rancune depuis la prise du pouvoir en 1992 des *moudjahidin*, où il s'était illustré par une farouche opposition à toutes les créatures dont Islamabad infiltrait leur gouvernement et leurs partis, et il n'y avait en conséquence aucune liaison aérienne ni terrestre permettant de se rendre directement depuis la frontière pakistanaise jusque dans le Panchir. L'idéal aurait été, bien sûr, de prendre la route depuis Kaboul, quelques heures à peine, mais cela signifiait traverser les lignes de front, et aurait représenté un risque inconsidéré. De plus je ne voulais pas demander aux talebs l'autorisation de traverser leurs positions militaires (ni leurs champs de mines) pour aller voir leur ennemi. Depuis Islamabad, il fallait donc se rendre à Lahore et y prendre un avion pour Tachkent, puis de là emprunter un redoutable Tupolev pour Khodjent, dernière ville à la frontière avec le Tadjikistan, puis un autre avion pour Douchanbé, et y attendre que Massoud veuille bien envoyer son hélicoptère pour aller le rejoindre dans son fief. Tout cela était fort pénible, les conditions météorologiques rendant hasardeux le survol en hélicoptère de l'immense chaîne de l'Hindou-Kouch, car il arrivait qu'il faille attendre huit ou dix jours que le ciel s'éclaircisse, et que les hélicoptères puissent voler. Massoud disposait de vieilles machines soviétiques, qui auraient dû être réformées depuis longtemps, et qui ne devaient leur survie qu'à l'incroyable ingéniosité des mécaniciens afghans.

À mes tentatives précédentes d'aller voir Massoud, j'étais resté de longs jours à Douchanbé à attendre un hélicoptère qui ne venait pas, et y avais affronté ma mauvaise fortune avec patience, me rabattant sur les collaborateurs politiques de Massoud, dont c'était la principale base arrière ; je prenais des repas avec eux, et rencontrais aussi les quelques personnalités qui avaient fait comme moi ce périple dans l'espoir de prendre un hélicoptère pour le Panchir. Ce fut aussi l'occasion de longues conversations avec les rares Français du Tadjikistan, et surtout avec mes amis d'Acted, une ONG française, pionnière de l'aide à l'Afghanistan, avec lesquels nous passions des soirées interminables dans leur maison d'hôtes. Ce qui me rendait souvent les ONG plus sympathiques que d'autres interlocuteurs, c'était leur attachement réel au peuple afghan. Comme leur audace et leur vision avaient valu à Acted quelques solides inimitiés auprès de notre administration, et qu'en dépit de leur connaissance très fine du terrain afghan et des équilibres politiques du pays, il leur arrivait, en raison de ce ressentiment, de perdre des contrats avec certains bailleurs de fonds, je vins à plusieurs reprises à leur rescousse.

Il y avait parfois des journalistes et quelques diplomates qui patientaient pour se rendre dans le Panchir. Je m'entretins ainsi à maintes reprises, lors de cette attente de l'hélicoptère de Massoud, avec le vice-ministre indien des Affaires étrangères, dont l'ambassadeur, ivre mort du matin au soir, tenait table ouverte pour permettre à son ministre de rencontrer les personnalités de passage en ville. C'étaient de bien étranges agapes où nous avions trouvé réciproquement, le ministre indien et moi-même, un soutien providentiel, puisque nous étions au moins deux à opposer une résistance aux tentatives de l'ambassadeur de nous entraîner dans son addiction. Je compris à cette occasion combien l'Inde s'inquiétait de la situation en Afghanistan, et je pense que même s'il dut repartir sans avoir pu monter dans l'hélicoptère, le vice-ministre n'avait pas perdu pas son temps, car je l'avais instruit en profondeur sur les tractations en cours, les efforts entrepris pour remettre le roi Zaher dans le jeu, la mobilisation à l'œuvre des tribus, les entreprises d'Hamid Karzaï, dont il ignorait jusqu'au nom, et la situation politique et militaire, toutes choses que l'Inde, isolée diplomatiquement à Islamabad, méconnaissait. Je pris ensuite contact avec son ambassade dans la capitale pakistanaise, dont le ministre-conseiller devint rapidement un interlocuteur attentif, mais j'évitai de le rencontrer trop souvent, car tout contact avec l'ambassade de leur ennemi juré équivalait pour les Pakistanais au déclenchement d'une alerte rouge. Mes activités en direction des tribus et du roi, ainsi que mes rencontres incessantes avec Karzaï contrariaient déjà suffisamment les services pakistanais. Je fis donc en sorte que ces entretiens paraissent fortuits, et en présence d'autres convives.

Après une bonne semaine d'attente, l'hélicoptère arrive enfin, et nous prenons la direction de l'aéroport de Douchanbé. C'était un vieux Mi-6 soviétique, prise de guerre de Massoud, qui paraissait prêt à rendre l'âme. Il était conçu pour pouvoir franchir des hauteurs de 5 000 mètres, mais il lui fallait, pour parvenir dans la vallée du Panchir, franchir l'Hindou-Kouch, qui culminait à 6 000 mètres, soit à chaque passage un angoissant suspense. C'est aussi pourquoi l'attente était si longue avant que le pilote ne se décide à voler. On survola l'Amou-Daria, où j'eus une pensée émue pour mon marchand de tapis, et le site archéologique d'Aï Khanoum, l'un des postes avancés d'Alexandre le Grand dans sa conquête de l'Asie, sans doute l'Alexandrie de l'Oxus évoquée par les historiens de l'Antiquité, et fouillée par la Mission archéologique française en Afghanistan depuis sa redécouverte dans les années soixante. Elle avait dû cesser ses recherches sur le site dès l'invasion soviétique, Moscou n'étant pas disposé à laisser les Français poursuivre leurs travaux. La guerre de résistance contre l'envahisseur, suivie de la guerre civile, avaient aggravé la situation, de sorte que la Mission avait été laissée à l'abandon depuis de nombreuses années. Des rumeurs faisaient état de pillages considérables, et je pus constater l'étendue du désastre : sur un bon kilomètre carré, le champ de fouilles ressemblait à un immense gruyère. Des trous béants avaient été creusés partout, séparés de talus d'un mètre ou deux ; tout avait été pillé, et les objets en argent ou en or cachés par les derniers Grecs de Bactriane pour les soustraire à la cupidité des envahisseurs barbares venus des steppes de l'Asie centrale avaient pris la direction des salles de vente de Londres, où affluaient depuis quelques années des objets hellénistiques de toute beauté.

Déjà la chaîne de l'Hindou-Kouch se dressait devant nous, menaçante, et on se demandait avec angoisse comment cet hélicoptère hors d'usage allait pouvoir la franchir. Il se dirigeait vers un sommet beaucoup plus élevé que son altitude de croisière, ce qui ajoutait à cette impression. Il avançait inexorablement, chaque centaine de mètres franchis nous rapprochant du mur qui continuait à s'élever devant nous. Puis il se trouva juste face à notre machine, continuant à la surplomber. Chacun de nous, sachant que ces hélicoptères n'étaient pas faits pour atteindre de telles altitudes, et que chaque franchissement constituait une prouesse notable, était pris des mêmes angoisses : la peur d'un atterrissage forcé sur une pente neigeuse, voire d'un *crash*, se lisait sur tous les visages. Il aurait fallu vaincre la faim, et il ne fallait pas compter sur des secours. L'Émirat islamique n'aurait pas eu d'états d'âme à nous y laisser périr, et n'aurait disposé de toute façon, même s'il l'avait voulu, d'aucun moyen technique pour intervenir sur ces sommets.

Puis la montagne présenta son énorme masse blanche juste devant nous, à quelques dizaines de mètres, alors que son sommet paraissait encore inaccessible, à plus de dix mètres au-dessus de nos têtes. On entendait le vrombissement des moteurs poussés au maximum de leur capacité. Et si l'un d'entre eux, avec ce froid stratosphérique, montrait des signes de faiblesse ? L'hélicoptère fit un dernier effort. On distinguait maintenant la neige à deux mètres de nous, et soudain on ne vit plus le sommet. Nous progressions à quelques dizaines de centimètres de lui, proches à le toucher ; les passagers, recroquevillés sur leurs sièges, recommandaient leur âme à Dieu. Nous avions franchi l'Hindou-Kouch ! Mais nous n'étions pas au bout de nos peines, car quelques minutes plus tard, le pilote annonça qu'un *Mig* venait de nous repérer et qu'il allait devoir plonger vers les pentes des montagnes et zigzaguer pour se dissimuler à la chasse des talibans. Ces derniers avaient récupéré plusieurs avions de chasse livrés à l'armée afghane par les mentors soviétiques, mais il n'en restait que deux, l'incurie des maîtres de Kaboul ayant conduit à plusieurs accidents. Massoud n'avait aucune aviation de combat, mais pour ses trois hélicoptères, il avait récupéré les meilleurs pilotes d'Afghanistan.

Nous n'essuyâmes aucun tir, et fûmes bientôt en vue de la bucolique vallée du Panchir, qui portait çà et là des stigmates de la guerre, carcasses de chars en contrebas de la rivière, traces d'anciens bombardements.

Le « ministre des Affaires étrangères » de Massoud, le docteur Abdullah, m'attendait; je ne l'avais pas revu depuis mon passage au bureau des ambassadeurs itinérants, mais nos relations s'étaient toutefois sérieusement distendues après que le Département m'eut contraint de résider à Islamabad, ce qui avait eu pour effet de compromettre mes contacts avec l'Alliance du Nord, ses représentants politiques ne pouvant circuler dans un pays dont elle était la bête noire.

Tout juste aimable, le docteur Abdullah me conduisit à la maison d'hôtes de Massoud, où des chambres nous avaient été aménagées, en attendant le rendez-vous, le lendemain, avec le commandant.

Face à Massoud, je fus tout d'abord frappé par l'extraordinaire charisme qui émanait de cet homme. Tout en échangeant les premières formules de politesse, je pris conscience de n'avoir ressenti une impression aussi forte qu'une seule fois dans ma vie: lorsque j'avais été reçu, quinze ans plus tôt, à l'occasion de la présentation des lettres de créance de notre ambassadeur au Saint-Siège, par le pape Jean-Paul II, qui lui aussi irradiait une aura singulière, indépendamment du prestige de sa très haute position. Ayant approché au cours de ma carrière bien des personnalités célèbres ou puissantes, chefs d'État, capitaines d'industrie, princes de l'Église, écrivains et artistes de premier plan, jamais je n'avais ressenti une sensation d'une telle force qu'auprès de ces deux personnages.

Nous parlâmes de la situation militaire, et il prit la carte de son pays que je lui tendais, sur laquelle il me dessina les lignes de front. Il était désormais le seul maître d'un petit réduit au nord-est du pays, qui représentait à peu près le dixième du territoire occupé par les talibans, lesquels contrôlaient dans leur zone tous les principaux axes routiers plus qu'ils n'étaient véritablement maîtres des provinces, la ferveur populaire acquise dans les premiers temps s'étant rapidement évanouie. J'ai toujours cette carte griffonnée de sa main, et la conserve pieusement. Un entretien sur la situation militaire afghane avec des autorités politiques était rare pour moi, car les talibans ne m'auraient pas volontiers choisi pour confident en la matière.

Massoud rêvait d'un monde meilleur pour le peuple afghan, mais il commettait une erreur considérable de jugement en croyant incarner un destin national, et en cela il ne différait pas de la plupart des *leaders* politiques de son pays, souvent abusés par un entourage aveuglé, incapable de replacer le maître dans une perspective susceptible de transcender les clivages et d'œuvrer au bien public. Certes, il avait participé au gouvernement après le départ des Russes. L'éphémère constitution d'un gouvernement d'unité nationale, ainsi que son poste de ministre de la Défense, lui avaient conféré des pouvoirs qui comptent dans un pays qui ne se définit que par la guerre. Depuis sa jeunesse, il n'avait fait que se battre, et n'avait pas d'autre vision des relations internationales que celle de la résolution des rapports de forces par l'issue des armes. Bien sûr, sa lutte contre les talibans était légitime, et même indispensable, car il était le seul à durer et à continuer à faire subir à son ennemi, pourtant maître de la quasi-totalité du pays, de cuisantes défaites qui avaient fini par mettre à bas le mythe d'invincibilité dont s'affublaient les talibans au début de leur épopée.

Aurait-il fait pour autant un bon gouvernant en temps de paix ? Ce que je savais, pour l'avoir entendu de nombreux Afghans, c'est que l'immense majorité du peuple non tadjik ne voulait de lui à aucun prix. On se souvenait trop à Kaboul des destructions sanglantes qu'il avait fait subir à la ville au mépris des populations. Et surtout, comme la plupart des Afghans, il était pétri d'une logique ethnique si évidente que les tenants des autres groupes de la mosaïque afghane n'auraient jamais permis l'accession au pouvoir d'un chef militaire songeant aux seules protection et promotion de son ethnie minoritaire. Et s'il y était parvenu par la force, une résistance armée aurait eu tôt fait de l'en déloger. Massoud ne pouvait donc être la solution, j'en étais convaincu depuis longtemps. Je le regrettai d'autant plus au moment où je conversais avec lui pour la première fois, découvrant un personnage fascinant et une belle personne : son regard perçant qui dénotait une intelligence au-dessus du commun, la stratégie militaire brillante qu'il m'exposait. Des livres enfin, un peu partout dans son bureau, dont un sur l'architecture, dont il m'apprit qu'elle était, avec les jardins, l'une de ses passions. Je me demandais intérieurement comment, animé d'une telle passion, il avait pu détruire par ses bombardements tant de quartiers de Kaboul dans sa lutte acharnée contre Gulbuddin Hekmatyar, chef du Hezb-e-Islami soutenu par les services pakistanais, qui ravagea pour sa part le quartier si charmant de Darulaman, construit par un architecte français dans les années 1920. Mais la guerre était décidément une fatalité.

Très vite, la conversation prit néanmoins un ton aigre-doux, Massoud me faisant le reproche d'entretenir avec les talibans un commerce trop étroit.

Je répondis que je ne me rendais qu'épisodiquement à Kaboul, l'essentiel de mes activités se passant dans des pays en dehors du territoire taleb, pour des entretiens avec des groupes d'opposition, que je regrettais de ne le rencontrer que maintenant, mais que ce n'était pas faute d'avoir essayé, à maintes reprises, et d'avoir dû plusieurs fois repartir du Tadjikistan sans y être parvenu. Ne se souvenait-il pas de mes longues périodes d'attente de son hélicoptère, qui n'arrivait jamais ? Et il n'ignorait pas combien j'avais été proche de ses collaborateurs à Paris, et combien je les avais aidés.

« Oui, mais vos “déjeuners avec les talibans” donnent l’impression que la France nous a lâchés, et cela est dommage. Pourquoi vous sentez-vous obligé d’en faire tant ? Et pourquoi avoir choisi de résider à Islamabad, le pays de leurs protecteurs les plus acharnés ?

— Je suis comme un funambule sur une corde raide. Si je ne les voyais pas lorsque je viens à Kaboul, à quoi rimerait mon activité ? »

Je lui rappelai que les talibans contrôlaient tout de même 90 % du pays, et qu’on ne pouvait les tenir pour quantité négligeable, ajoutant que je leur tenais le même langage qu’à lui, et que nous souhaitions parler avec toutes les parties, condition *sine qua non* pour être utiles le moment venu. Peut-être serait-il un jour en mesure d’apprécier que la France se soit placée dans cette position singulière, qui lui conférait une exceptionnelle capacité de négociation et d’entremise entre les parties au conflit. Quant au fait d’être désormais basé à Islamabad, je déplorai que mon administration centrale ait été abusée par le concept de proximité géographique. J’avais cherché à combattre cette idée et à en retarder la mise en place, de toutes mes forces. Maintenant, je m’en accommodais, mais je le priai de ne pas s’arrêter à cette initiative, certes regrettable mais qui n’était pas de mon fait.

Je l’invitai aussi à comprendre que s’il voyait les jeunes expatriés de nos ONG soutenir les populations sous son contrôle, d’autres jeunes Français, en bien plus grand nombre, venaient aussi en aide aux populations des zones occupées par les talibans. Ces populations réprimées avaient au moins autant besoin d’aide étrangère que son peuple tadjik. Il m’arrivait sans cesse d’intervenir pour aider à résoudre les problèmes que rencontraient nos humanitaires avec les talebs. Si nous n’avions pas établi de relations avec l’Émirat islamique, personne ne serait parvenu à la libération de deux jeunes humanitaires qui avaient risqué la pendaison pour des motifs futiles. Voilà, concrètement, à quoi servaient mes ronds-de-jambe à Kaboul, et c’étaient donc des questions de sécurité qui m’animaient vis-à-vis des citoyens français, rôle tout à fait naturel pour un diplomate et qui justifiait bien quelques compromissions.

« Mais j'ai une autre raison impérieuse de commercer ainsi avec les talibans, poursuivis-je : ils croient savoir que nos services de renseignement vous apportent une aide non négligeable. Laissez-moi aider à lever ce doute, à mener mes gesticulations, et soyez sans crainte. »

Mais Massoud restait de marbre.

La conversation ne prit pas un tour plus aisé quand, sans insister sur le rôle que j'y avais joué, je me fis l'avocat d'une *loya jirga* en marche, où le roi Zaher était appelé à jouer un rôle central en coordination avec les tribus ; il écarta d'un revers de manche toute possibilité de rejoindre le mouvement, et pourfendit toute perspective de travailler tant avec le roi qu'avec Karzaï, dont il me déclara que ni l'un ni l'autre n'avaient aucune légitimité pour mener un rôle politique.

Massoud ne voulut rien entendre sur aucun sujet. Il était fâché de voir le citoyen français le plus au fait de la situation politique de l'Afghanistan, représentant d'une nation dont l'opinion était acquise à sa cause, se comporter si différemment des autres Français, venus l'encenser et boire ses paroles et ses conseils comme ceux de la Pythie. Depuis les prémices de l'invasion soviétique et les premières tentatives d'organiser une résistance, nos compatriotes avaient accouru en masse auprès de lui, journalistes, experts de la région, le plus souvent autoproclamés, et certains d'entre eux avaient fini par créer autour de sa personne, depuis des années déjà, un mythe qui en France tout au moins était presque aussi puissant que celui de Che Guevara. Pourtant, dans les chancelleries des autres pays, seuls les spécialistes de l'Afghanistan et quelques lecteurs de revues savantes savaient de qui il s'agissait, et le public n'en avait jamais vraiment entendu parler. Le seul pays où il y eût une opinion publique en sa faveur était la France. Massoud, idole des seuls Français, croyait donc être légitimement déçu de ne pas se trouver au centre de ma réflexion sur l'avenir de son pays. Si le personnage m'impressionnait beaucoup, son entêtement, son égocentrisme et son manque de vision politique ne m'en frappèrent pas moins.

Je repartis donc peu satisfait de cet entretien, qui ne fut suivi d'aucun autre, car six mois plus tard je quittai mes fonctions et Massoud fut assassiné par des membres d'al-Qaïda, peut-être en liaison avec les services pakistanais. Mais j'eus à déplorer la façon dont il colporta mes propos en les déformant grossièrement, quelques mois plus tard, en recevant une délégation de représentants du Parlement européen. N'ayant pas trouvé auprès des autorités françaises un soutien aussi inconditionnel qu'il eût souhaité, il orientait désormais sa stratégie vers les instances européennes, la véritable ambition qui sous-tendait cette posture, selon les confidences qui me furent faites plus tard par son représentant à Paris, étant de gagner *in fine* à partir de Bruxelles le soutien de Washington, qu'il n'obtint jamais. Et il affirma à ces parlementaires, lors d'un entretien filmé qui passa à la télévision française, que j'étais venu le trouver pour lui parler de façon obsessionnelle de ma propre sécurité à Kaboul, où j'entretenais avec les talibans, selon lui, une relation de proximité scandaleuse. Il tint le même discours à Bernard-Henri Lévy, venu lui rendre visite durant cette période, qui prit ces assertions pour argent comptant. Pourtant, je n'avais à aucun moment évoqué avec lui le chapitre de ma sécurité personnelle, me bornant à exprimer mes craintes au sujet de nos expatriés français. Pas un mot sur mes efforts en direction d'une solution politique nationale ; j'avais pourtant joué un rôle crucial pour l'échafauder, la mettre en place, et la mener à bien. Mais Massoud n'en était pas le pivot, et il est vrai aussi que je ne l'en avais pas instruit en profondeur, sachant qu'il n'y aurait pas eu sa place, se croyant destiné à devenir chef d'État, ce à quoi il ne pouvait malheureusement prétendre.

Lors de ce séjour, je ne vis aucune femme à aucun endroit de la vallée, à l'exception de celles qui travaillaient dans les champs, comme partout en Afghanistan, le voile relevé au-dessus de leur tête. À ma grande surprise, je découvris que dans les bourgades et les villages, elles vivaient cloîtrées, plus encore que dans les zones tenues par les talibans, à l'époque même où on voyait en Massoud le champion de l'égalité entre les sexes. Il avait compris qu'il suffisait de vanter les mérites d'une école pour filles, érigée en preuve de progressisme, pour souscrire aux naïfs *desiderata* de nos raccourcis idéologiques. Massoud, qui savait se faire percevoir comme un démocrate, n'en était pas moins un fondamentaliste islamiste.

J'eus donc à ajouter à mon jugement sur Massoud celui d'une honnêteté intellectuelle laissant à désirer. Mais je préfère ne garder de sa mémoire que la noble vision de son profil d'aigle, et cette carte géographique que j'ai conservée, gribouillée de ses rêves de stratège.

Comment la communauté internationale fit triompher les radicaux

Malgré mes efforts tous azimuts, mon dialogue avec les talibans s'étiolait. La poudre aux yeux avait fait long feu, et je n'eus bientôt plus rien à leur dire car Paris, devant la poussée de notre opinion publique, plus remontée que jamais en raison des nombreux reportages de la presse, qui ne manquait pas une occasion d'illustrer leurs manquements aux Droits de l'homme, avait fini en décembre 1999 par se ranger aux côtés des Américains. Cela faisait s'écrouler la fragile tactique d'engagement des modérés que j'avais été bien seul à conduire, et dont je savais qu'elle était pourtant la seule approche raisonnable du problème. Nous avions accueilli plusieurs ministres talebs à Paris, responsables de ministères techniques, et avions été, avec les États-Unis, les deux seuls pays occidentaux à le faire, au cours du second semestre de 1998 et du premier semestre de 1999. On avait espéré que ces membres du gouvernement de l'Émirat islamique, responsables de ministères ayant un cruel besoin de coopération internationale, se feraient auprès de Kandahar les chantres d'une ligne moins dure, mais il nous aurait fallu poursuivre jusqu'au bout la logique d'engagement dont nous avions compris la portée. Parmi ces ministres talebs, le mollah Abbas, ministre de la Santé, avait été reçu à Paris, ainsi que le vice-ministre des Affaires étrangères, le mollah Zahed, et un vice-ministre de l'Aviation civile. Le Département avait dû à ces occasions faire preuve d'un certain courage, car chacun de ces déplacements était marqué par un concert de protestations véhémentes, de sorte qu'il fallait faire profil bas, et nous les recevions en conséquence au niveau peu élevé de la sous-directrice de la Direction d'Asie du Sud, attention particulière du Département contraignant ses hôtes réputés misogynes à des entretiens avec une femme.

Ces visites, que j'évoquais avec les responsables talibans, furent à chaque fois négociées avec la DGSE par le truchement de ses relais à Islamabad et pilotées par elle de Paris, car à l'ambassade de Kaboul, je ne disposais pas de service compétent pour délivrer de visas aux Afghans ; mais il va sans dire que j'en approuvais d'autant plus le principe que je les avais moi-même constamment encouragées. La DGSE suivait mes manœuvres avec Karzaï avec un intérêt mêlé de scepticisme, mais nous eûmes toutefois des relations de travail convenables, bien que dûment cloisonnées, durant toutes ces années. Il eût été difficile d'aller plus avant dans la coopération, alors que nombre de ses agents parisiens, qui avaient bien pénétré les milieux des *moudjahidin* depuis l'arrivée des Russes, continuaient de ne voir l'avenir de l'Afghanistan que par le prisme de ces anciens chevaux de bataille, sans vouloir prendre conscience qu'ils étaient désormais dépassés par la marche de l'Histoire.

Ces visites laissaient les talibans augurer d'un avenir où les pays occidentaux finiraient par s'accommoder de leur existence *de facto* au sein de la communauté des nations, alors même qu'elles n'avaient abouti à rien de concret à Paris ni à Washington, d'autant moins, de surcroît, que nous allions nous aligner sur les États-Unis au sujet des sanctions. En fait, on était assez curieux à Paris d'avoir cette occasion de les regarder de près, un peu à la manière dont les Européens du XVIe siècle s'étaient amusés à découvrir les quelques Indiens qu'on leur avait ramenés d'Amérique. Les missions parisiennes de ces quelques responsables talibans furent par ailleurs accueillies par notre opinion publique, comme on pouvait s'y attendre, par la fureur d'une analyse manichéenne dénuée de la moindre intelligence des relations internationales.

De fait, le destin du mouvement taleb était joué : les radicaux allaient nécessairement l'emporter et à ceux-là, je savais depuis longtemps que je n'avais rien à dire. Les « modérés », de leur côté, avaient perdu la main, et mes approches auprès d'eux n'avaient plus de sens, car je ne pouvais plus continuer à faire valoir nos différences de vues avec Washington sur l'opportunité des sanctions. Je demeurai de longs mois sans me rendre à Kaboul, ne voyant qu'y faire, et profitai du temps libre pour des consultations dans plusieurs pays de la région, poursuivant surtout mon action aux côtés d'Hamid Karzaï, qui commençait à mobiliser ses groupes tribaux en vue de mettre en œuvre un plan de déstabilisation du régime de Kaboul, qui avait de plus en plus de mal à renouveler la conscription et que de nombreux combattants désertaient. Je l'accompagnai à Paris, où il fut reçu par le directeur d'Asie de l'époque, ce qui ne constituait pas un accueil tellement meilleur qu'aux talibans, mais je parvins aussi à lui ménager un rendez-vous avec Bruno Joubert, alors directeur de la stratégie de la DGSE, et il en ressortit, bien à tort, avec le sentiment que la France allait enfin le soutenir politiquement et financièrement ; mais rien de concret n'aboutit non plus de cet entretien. À Paris, la DGSE était de plus en plus persuadée, à tort, qu'Hamid Karzaï était « l'homme des Américains », et il était en effet en train de le devenir, faute d'avoir obtenu notre soutien et celui de nos partenaires européens, à la notable exception de l'Italie. Toutes mes faibles cartes abattues, incapable d'en produire de nouvelles, je craignais désormais de voir ce régime s'engager dans une fuite en avant vers l'extrémisme le plus odieux. Et c'est précisément ce qui se produisit.

L'affaire des bouddhas de Bamiyan

C'est dans un tel contexte, alors que je me trouvais à Islamabad, que je reçus un jour d'automne 2000 l'appel téléphonique affolé d'une dame autrichienne travaillant pour SPACH (Society for the Preservation of the Afghan Heritage), dont j'étais membre du comité exécutif. Elle me rapporta qu'elle avait reçu la visite du conservateur du musée de Kaboul, ce dernier ayant subi la veille une descente des talibans, venus effectuer un repérage dans l'intention de détruire dans ce magnifique musée toutes les statues représentant une figure humaine ou animale. Il lui avait aussi annoncé que les extraordinaires bouddhas de Bamiyan de 544 de notre Ère étaient menacés pour les mêmes raisons. Le conservateur du musée de Kaboul, accouru en toute hâte à Islamabad pour tenter de conjurer le désastre, demandait le soutien de la communauté internationale, dont j'étais en Afghanistan le seul représentant ayant son drapeau planté à Kaboul. Je décidai aussitôt d'entreprendre l'ambassadeur des talibans à Islamabad. Le mollah Zaef faisait plutôt partie des modérés. Parlant l'anglais, il composait, mais se trouvait pris entre les feux des généraux pakistanais, grands buveurs de whisky, qui s'inquiétaient un peu tard des dérives de leur créature talibane, et qui exigeaient que soit mis fin à des exactions en matière de droits humains qui contrariaient leurs plans et, de l'autre côté de la frontière, les *diktat* de moins en moins accommodants des décideurs de Kandahar. En effet, les ministres de Kaboul, à leurs yeux trop frottés à l'Occident, étaient en train de perdre leur voix au chapitre.

Je tins au représentant de Kaboul un discours sans ambages, lui expliquant que si pareille chose se produisait, les talibans perdraient toute chance d'être considérés comme de possibles interlocuteurs. J'expliquai nos missions Foucher* et Hackin**, 70 ans de coopération archéologique bilatérale ainsi menacée de voir ses travaux anéantis par un coup de folie. Il devait à tout prix empêcher ce massacre, non seulement parce que le monde ne saurait le tolérer, mais encore parce que les talibans ne manqueraient pas d'en payer le prix fort.

* Alfred Foucher (1865-1952) : archéologue français.
** Joseph Hackin (1886-1941) : archéologue français.

Je vis en le mollah Zaef un personnage aussi embarrassé qu'il l'avait été lorsqu'un soir de fête nationale allemande, j'étais venu vers lui alors qu'il venait d'entamer une énorme assiette de choucroute, pleine de jarret de porc (sur le « buffet choucroute », de grands panneaux en anglais indiquaient *PORK*) et qu'au bout d'un moment, au détour de la conversation, il me dit combien cette viande était délicieuse.

« Ah, vous m'en voyez surpris, je n'aurais jamais cru que vous puissiez manger du porc. »

Il n'avait pas répondu, devenant soudain tout pâle, et, dans un fracas spectaculaire, il avait laissé tomber son assiette pleine sur le sol. Plus tard il fut envoyé quelques années à Guantanamo, où, dit-on, le porc ne figurait pas au menu, Allah en soit loué.

Il me répondit qu'un tel projet, dont il n'avait jamais entendu parler, était incompatible avec les décrets de l'Émirat islamique comme avec la politique du mollah Omar, « commandeur des croyants » autoproclamé, qui avait appelé au respect de l'héritage national, mais il allait se renseigner et reviendrait vers moi.

Deux jours plus tard il me rappela, nous nous revîmes, et il me dit que ces rumeurs étaient fondées sur les intentions d'un « petit groupe très minoritaire », qui n'incarnait pas l'État, qu'il avait été rappelé à l'ordre, et que je pouvais rassurer la communauté internationale.

Je lui demandai quel était ce groupuscule, et il me répondit, très gêné : « Ah, vous savez, nous avons aussi des combattants étrangers, enfin, surtout des Arabes, et ils font parfois de la surenchère. »

Bien sûr, je savais qu'il y avait des Arabes en Afghanistan, mais on ne les voyait guère. On disait qu'il y avait aussi des Tchétchènes, des Chinois et des Ouïgours, qu'on n'apercevait pas davantage. Mes interlocuteurs n'en pipaient mot. Je savais qu'un groupe d'Arabes occupait une villa proche de notre ancienne maison d'hôtes de l'UNSMA, et il m'était arrivé, en atterrissant à l'aéroport de Kaboul, de demander au service du protocole qui venait m'accueillir à qui appartenait l'avion privé qui venait de se poser un peu plus loin, obtenant pour réponse qu'il s'agissait d'un riche Arabe du Golfe qui aidait le régime de Kaboul. Cela aurait pu être Oussama Ben Laden, qui résidait depuis 1996 à Kandahar et qui venait de marier son fils à une fille du mollah Omar, ce qui ne présageait rien de bon. Un peu plus tard, j'aperçus l'Arabe en question au moment où il quittait l'aéroport. C'était un petit homme bedonnant au type moyen-oriental, de ceux qui, fort nombreux, apportaient des valises de billets de banque depuis le Qatar ou les Émirats arabes unis pour accomplir leur *zakat**, en la consacrant à la « noble cause » du régime de Kaboul.

À demi rasséréné par les dénégations de l'ambassadeur, je communiquai l'information *urbi et orbi,* car la communauté diplomatique, à Islamabad, commençait à avoir vent de ces informations, et l'inquiétude avait grandi en quelques jours.

Cependant, quelques mois plus tard, une nouvelle encore plus retentissante me parvint : il n'y avait pas de doute, les talibans allaient mettre leur menace à exécution. Ils étaient revenus au musée, avaient commencé à détruire les statues, et ils avaient annoncé leur intention d'aller plus loin. Les jours des bouddhas de Bamiyan étaient comptés.

Cette fois, il n'y avait plus une minute à perdre. Le niveau de l'ambassadeur de « l'Émirat islamique » était devenu insuffisant. Il fallait se rendre à Kaboul en toute hâte. J'appelai aussitôt les deux autres ambassadeurs membres du comité exécutif de SPACH, le Grec qui en était le président, et l'Italien Gabriele de Ceglie, qui venait de succéder à l'ambassadeur di Maio, lequel avait si efficacement prêté son concours pour la tenue de la première grande réunion tribale à Rome, et leur demandai s'ils seraient prêts à m'accompagner immédiatement à Kaboul pour y rencontrer tous les membres du gouvernement concernés de près ou de loin par cette affaire ; ils y seraient mes hôtes à l'ambassade, et je m'occuperais de tous les rendez-vous. Je sentais en effet qu'il fallait faire nombre, et faire vite.

* *Zakat* : aumône obligatoire du fidèle musulman.

Dès notre arrivée à Kaboul, le mollah Moutawakil étant indisponible, nous nous rendîmes chez le vice-ministre des Affaires étrangères, le mollah Zahed, auquel nous exposâmes nos griefs. Il nous tint un discours embarrassé et abscons, dont nous ne tirâmes aucune conclusion rassurante ; nous vîmes ensuite le ministre de la Culture, qui se perdit en considérations idéologico-religieuses montrant qu'il était davantage ministre de la propagande que de la « culture ».

Le ministre prétendit que la polémique en cours tenait à ce que ces statues étaient des idoles, devant lesquelles on aurait pu vouloir se prosterner. Je lui opposai que personne en Afghanistan n'étant plus bouddhiste depuis plus de mille ans, il n'existait aucun risque de prosélytisme, et que d'ailleurs les plus grands émirs et empereurs, grands dévots musulmans, s'étaient accommodés de ces représentations pendant de nombreux siècles, sans songer un instant qu'elles eussent pu être insultantes vis-à-vis d'une religion que chaque citoyen afghan considérait comme étant la seule vraie. Nous ajoutâmes que des solutions pourraient accommoder toutes les sensibilités, de sorte que ces chefs-d'œuvre d'une civilisation disparue ne soient pas détruits, et enfin que la communauté internationale pourrait solliciter des financements pour dissimuler les monuments aux regards, par exemple en mettant en place des rideaux devant les statues. Nous demandâmes enfin à ce qu'on nous permette d'aller visiter le musée. Le ministre refusa au prétexte qu'il était fermé au public, aussi nous décidâmes de nous y rendre, mais on nous en interdit l'entrée.

De retour à l'ambassade, j'insistai auprès du service du protocole pour obtenir un entretien avec le mollah Moutawakil, qui finit par nous l'accorder. Je lui exposai combien la situation était grave pour l'Émirat islamique, et combien il risquait de regretter un tel acte. Il nous reparla des « éléments étrangers » qu'avait déjà évoqués l'ambassadeur des talibans à Islamabad. Je continuai à parlementer en multipliant les arguments, et il se fit soudain rassurant. En nous raccompagnant à la porte, il me retint un moment en aparté et me dit : « Vous avez ma parole d'honneur que les statues ne seront pas détruites. J'appelle tout de suite le mollah Omar, vous pouvez compter sur moi. »

Nous regagnâmes l'ambassade, où j'avais prévu un grand dîner pour mes deux ambassadeurs, avec tout ce que Kaboul comptait de responsables d'ONG et d'agences de l'ONU. L'heure était à la liesse, car je croyais savoir combien Moutawakil restait influent auprès du dirigeant suprême de Kandahar en dépit du peu de succès engrangés sur la scène internationale par l'Émirat.

Alors que nous étions à table avec une bonne trentaine de convives, le maître d'hôtel me fit savoir que le représentant afghan de l'AFP attendait au portail, et demandait à me rencontrer de toute urgence. J'allai l'accueillir, et ce journaliste afghan m'annonça, bouleversé, que le mollah Omar venait d'émettre un décret ordonnant la destruction des bouddhas de Bamiyan.

Je n'appris que bien plus tard que le mollah Omar, contacté au téléphone par le ministre des Affaires étrangères fidèle à sa promesse, se trouvait à ce moment précis en compagnie d'Oussama Ben Laden, qui s'était déclaré ulcéré par l'importance que la communauté internationale attachait aux bouddhas. Il s'était insurgé qu'elle soit disposée à dépenser de l'argent pour les protéger, et qu'elle ait dépêché plusieurs ambassadeurs en catastrophe pour sauver ces « quelques pierres », alors qu'elle ne portait pas assistance à la population afghane.

On ignorait alors que les radicaux venaient de franchir le stade ultime de la surenchère, et que Ben Laden, que l'on croyait neutralisé dans sa résidence de Kandahar, où il avait été durant des années pour les talibans un hôte encombrant, avait scellé le sort de leur régime en faisant prévaloir sa ligne jusqu'au-boutiste, depuis qu'il était acquis que l'Émirat islamique n'avait plus rien à attendre de l'Occident. Et leur alliance familiale n'avait rien arrangé.

Quand Ben Laden, chassé du Soudan en 1996 à la suite des pressions américaines sur ce pays, avait demandé l'hospitalité aux talibans qui venaient de conquérir la capitale afghane, le mollah Omar, nouveau « commandeur des croyants », s'était alors senti tenu par le code d'honneur de son groupe ethnique, le *pachtounwali*, d'acquiescer à cette demande émanant d'un ancien *moudjahid*, à la condition expresse qu'il ne mènerait aucune action militaire susceptible de nuire à la situation internationale de l'Émirat islamique. Mais le nouvel hôte s'était livré sans tarder à des déclarations anti-américaines des plus violentes, mettant le mollah Omar dans l'embarras et suscitant de sa part de vives remontrances, à un moment où le régime fondamentaliste était en quête de reconnaissance internationale et où Washington hésitait encore sur la conduite à tenir à son égard. Le commandeur des croyants se trouvait alors pris en tenaille entre ses aspirations à une entrée dans la communauté des nations et son respect du *pachtounwali*. En 1998, le mollah Omar avait ainsi accueilli par une fin de non-recevoir la requête du prince Turki, chef des services secrets saoudiens, venu lui demander de livrer son hôte à l'Arabie saoudite, qui subissait elle aussi de fortes pressions américaines pour que Ben Laden soit mis hors d'état de nuire. Ce n'est que plus tard que Ben Laden se sentit les coudées franches et proclama une violente *fatwa* anti-américaine, qui fut aussitôt suivie, le 7 août 1998, des attentats contre les ambassades américaines de Dar es Salam en Tanzanie et de Nairobi au Kenya, qui firent 224 morts et des milliers de blessés. La brutale et maladroite escalade américaine qui suivit cet attentat, frappant les camps d'entraînement des talibans au lieu de s'en prendre au seul Ben Laden, allait dans un fatal engrenage accroître le ressentiment de l'Émirat islamique vis-à-vis de l'Amérique, de sorte que le mollah Omar ne pouvait plus empêcher Ben Laden de proférer que « le *djihad* contre les Américains était un devoir absolu pour tous les musulmans ». Lorsque, à partir de 1999, les talibans eurent plus de peine à recruter dans les *madrassa* et que de nombreux conscrits désertèrent les rangs de leur armée, Ben Laden n'eut pas de mal à s'imposer comme une force supplétive à disposition de l'Émirat islamique dans ses combats contre l'Alliance du Nord, levant ses propres troupes (700 hommes environ) à travers l'organisation al-Qaïda, qu'il avait créée à Peshawar durant la guerre de libération contre les Soviétiques, semblable à une myriade d'autres associations d'assistance financière et militaire.

Les statues de Bamiyan furent finalement détruites en mars 2001, malgré de nouveaux efforts internationaux aussi peu efficaces que les miens, et je décidai de ne plus retourner à Kaboul, estimant n'avoir plus rien à échanger avec les talibans. Je n'y fis qu'une courte mission en août, pour payer le personnel, dont le salaire n'avait pas été réglé depuis le mois de février, et prendre congé des humanitaires, de la Croix-Rouge et des autres ONG avec lesquelles j'étais en contact. Il ne me parut pas davantage opportun de dire au revoir aux talibans, qui ne cherchèrent pas non plus à me contacter durant mon court, sinistre et dernier séjour. Le terme de ma mission en Afghanistan était fixé à la fin août.

La veille de mon départ d'Islamabad, je reçus la visite d'Hamid Karzaï, venu me dire adieu et m'informer qu'il venait de recevoir un avis d'expulsion du Pakistan. Il rejeta mon entremise au cas où il aurait souhaité bénéficier de l'asile politique en France. Sa place était dans la région, où il devait terminer l'œuvre entreprise. Je lui dis alors : « Tu seras bientôt chef d'État dans un Afghanistan qui aura recouvré son indépendance, j'en suis certain, tu en as la stature et le destin. Et maintenant, tu es prêt. »

Si les conditions n'en étaient pas encore tout à fait réunies, tel était mon souhait.

5.
Le 11 Septembre et ses suites

Un 11 Septembre à Paris

Fin d'un monde et début d'un autre

Ayant quitté mon poste depuis onze jours et de retour à Paris, je croisai ma voisine devant l'ascenseur, en conversation téléphonique avec sa fille, qui témoignait depuis New York de ce qu'elle voyait : les tours du World Trade Center en flammes. Je restai jusqu'à la nuit devant la télévision, me reprochant de n'avoir pas fait assez pour convaincre Paris et nos partenaires occidentaux du caractère contre-productif des sanctions et de l'absolue nécessité d'enfoncer un coin entre les radicaux et les modérés. L'aveuglement des États-Unis, leur vision binaire des affaires et leur gestion des conflits à la façon du Far-West avaient ainsi entraîné le monde, une fois de plus, dans une escalade dont on ne voyait plus comment elle allait pouvoir s'arrêter. Les talibans ne pouvaient pas non plus être exonérés des méfaits d'un hôte dérangeant qu'ils n'avaient ni su, ni pu museler. Ils avaient certes eu vent de ses déclarations vengeresses, mais rien ne prouvait qu'ils eussent été dans la confidence de ses projets assassins à New York, et encore moins qu'ils y eussent été associés. Le mollah Omar, toujours prisonnier de son code de l'honneur, ayant refusé de livrer son hôte, les Américains écrasèrent l'Afghanistan en octobre-novembre sous un tapis de bombes.

C'est ainsi qu'à la suite des bombardements américains commencés dès le 7 octobre, les talibans abandonnèrent Kaboul, où pénétrèrent aussitôt les forces de l'Alliance du Nord, sans coup férir, dans une capitale désertée par ses forces armées. Soit une réplique de la prise de pouvoir à Kaboul par les partis *moudjahidin* après le départ des Soviétiques, qui se fit au mépris des engagements pris par les forces du Nord d'attendre l'arrivée des Américains, occupés à faire table rase des talibans depuis le ciel et à mettre en place la coalition internationale *Enduring Freedom* (Liberté immuable). L'Amérique dut néanmoins attendre dix longues années avant d'éliminer Ben Laden, véritable et seul responsable des tragiques événements du 11 Septembre.

Après ces quatre ans et demi d'Afghanistan, et de retour à Paris dix jours avant le 11 Septembre, l'actualité commandait de reprendre rapidement du service. On me pria de représenter la France à une réunion internationale que les Américains organisaient entre leurs principaux alliés occidentaux et leurs services de renseignement à Washington le 26 septembre ; seuls les grands alliés, ceux de la Seconde Guerre mondiale, étaient requis de dépêcher leur meilleur spécialiste de l'Afghanistan. Les États-Unis avaient décidé de faire la guerre aux talibans, mais ils voulaient des conseils. Que faire, et avec qui ?

Je leur dis qu'ils avaient une solution politique toute prête en la personne d'Hamid Karzaï, totalement préparé durant les quatre dernières années à mener un rôle de *leader*, mais que pour leur invasion, ils allaient devoir choisir entre la peste et le choléra. Ils avaient en effet décidé d'exclure l'envoi de troupes au sol, et ne disposaient plus que d'une alternative en matière de troupes supplétives : l'Alliance du Nord ou l'armée pakistanaise. Dans un cas comme dans l'autre, c'était confier l'avenir politique du pays à des forces qui risquaient d'orienter son destin en fonction de leurs seuls intérêts. S'ils décidaient de bombarder en faisant entrer en scène les forces de l'Alliance et de Massoud (assassiné le 9 septembre, deux jours avant l'attentat contre le World Trade Center, ce qui n'était pas un hasard), il leur faudrait absolument exiger de ces forces qu'elles s'arrêtent aux portes de Kaboul. Car si la capitale était prise par l'Alliance du Nord, elle ne manquerait pas de la mettre en coupe réglée comme les partis *moudjahidin* l'avaient fait par le passé, plaçant les Américains devant le fait accompli.

La solution pakistanaise comportait pour sa part des risques élevés d'ingérence, auxquels s'ajoutait le spectre d'une internationalisation ; si, par une implantation *de facto* de l'allié pakistanais à Kaboul, l'Afghanistan perdait son statut séculaire d'État tampon, c'est tout l'équilibre régional qui s'en trouverait affecté ; et quelle récompense pour Islamabad si l'on considérait le jeu néfaste qu'il avait mené avec ses supplétifs talibans !

En m'exprimant de la sorte, j'eus le sentiment de prêcher des convaincus. On aurait entendu une mouche voler. Il importait visiblement aux hauts responsables américains de voir le représentant d'un de leurs principaux alliés exposer en préambule la voie même qu'ils avaient déjà quasiment prévu d'adopter à travers Hamid Karzaï et le mécanisme de la *loya jirga*. Les Américains n'avaient pas assez confiance en les Pakistanais pour les prier d'intervenir directement en Afghanistan. Ils choisirent donc la peste. Mais ma recommandation visant à tout mettre en œuvre pour empêcher les forces de l'Alliance du Nord d'entrer avant eux dans Kaboul resta malheureusement lettre morte. Mon auditoire montra par ailleurs des visages fermés devant mon appel à remettre le roi en selle, et à lui donner les moyens d'apporter à ce pays un ciment d'unité nationale qui lui faisait tant défaut. Les Américains ont décidément bien du mal à comprendre ce qui ne leur ressemble pas.

Rome encore, unique objet de l'attention diplomatique

De retour de Washington, il devenait clair que le rôle politique de l'ancien roi, celui d'Hamid Karzaï, le processus de Rome, la *loya jirga*, tout ce que j'avais contribué à construire dans l'ombre, s'imposaient comme les instruments mêmes de l'avenir de l'Afghanistan, et que Rome allait donc devenir pour quelques semaines le lieu de toutes les tractations politiques. Hamid Karzaï, qui dès octobre 2001 avait fui le Pakistan en motocyclette pour se rendre dans les régions du Sud-Ouest de l'Afghanistan et y lever des troupes contre les bandes de talibans qui s'y dispersaient, assurant ainsi sa légitimité militaire, me tenait au courant de ses progrès au moyen d'un téléphone satellite que les Américains lui avaient fourni. Début octobre, il m'avait assuré que les troupes de Massoud, en attendant que les Américains atterrissent dans la capitale afghane évacuée par les talebs, avaient promis de s'arrêter aux confins de la plaine du Chamali à quelques dizaines de kilomètres de Kaboul. Je lui fis part de mes craintes que cette promesse ne fût pas respectée.

On me pria à Paris de me rendre aussitôt à Rome, et d'y demeurer jusqu'à nouvel ordre dans l'entourage royal. J'y réservai une chambre dans un hôtel excentré, devenu en quelques jours le rendez-vous de tous les apprentis politiques afghans accourus du monde entier : ceux de Peshawar et d'Islamabad, que j'avais tenté d'entreprendre au cours des années précédentes au sujet de la *loya jirga*, les commandants, les délégués des anciens partis de *moudjahidin*, les cousins du roi, surgis des quatre coins du monde, et les Afghans de la diaspora. J'en découvris d'autres qui m'étaient inconnus : d'Allemagne, d'Angleterre, du Canada, d'Australie et, surtout, des États-Unis. Tous étaient là pour converger vers le roi, qui allait devenir, chacun le sentait bien avec la chute annoncée du régime taliban, la pierre de touche des aventures politiques à venir. Tous les jours, je dînais ou déjeunais avec l'un ou l'autre des membres de la famille royale, passant le reste du temps avec différents personnages venus grenouiller dans les couloirs de l'hôtel. Ou alors je me rendais au palais Farnèse pour envoyer des télégrammes rendant compte de mes dernières informations et analyses. Paris disposait ainsi en temps réel d'un instrument de compréhension unique de ce qui était à l'œuvre. On me dit bien plus tard que mes observations et réflexions avaient été partagées avec les Américains, et qu'elles leur avaient été fort utiles, aucun diplomate occidental n'ayant eu un accès comparable à la famille royale afghane, avec qui j'avais poursuivi durant des années de constants conciliabules.

J'avais accepté cette mission, qui ressemblait plus à du renseignement qu'à de la diplomatie, à condition d'apporter enfin au processus de Rome les moyens de s'imposer définitivement sur la scène politique. Pour cela il fallait de l'argent, et que l'entourage royal puisse en distribuer largement aux chefs de tribus. On me l'avait promis à Paris, mais cette promesse ne fut jamais tenue, si bien que je perdis auprès de l'entourage royal, qui attendit vainement sa valise de billets de banque, le crédit que j'avais patiemment accumulé depuis des années au profit de la cause afghane.

Quelques semaines après les conciliabules de Rome, les fidèles du commandant Massoud et autres chefs de partis *moudjahidin* du Nord, arrivés à Kaboul avant les Américains, allaient pouvoir exiger d'eux de se voir attribuer des places de choix au gouvernement intérimaire, qui fut officiellement mis en place en décembre 2001 avec Hamid Karzaï en tant que président, en attendant que des élections puissent entériner cette nomination sur une base démocratique. L'occupant faisait ainsi « du neuf avec de l'ancien ». Son imposition d'une réconciliation nationale sur de telles bases allait susciter, aussitôt après la libération, une corruption sur une base clanique jamais atteinte auparavant, dont les flux massifs de capitaux déversés par les armées de la coalition et les subsides de la communauté internationale destinés à la reconstruction du pays ne pouvaient qu'aiguiser les appétits. Dans leurs perspectives, les Américains projetaient le songe d'une démocratie idéale garantissant la représentation des intérêts communautaires. Et, ce faisant, ils semaient de mauvaises graines. L'Afghanistan, trop loin de leur univers, échappait à leur compréhension.

Fait extraordinaire et particulièrement injuste, il ne fallut pas longtemps à la presse occidentale pour dénoncer « la corruption du gouvernement Karzaï » ni aux chancelleries occidentales pour la déplorer. Elle imputa au nouveau président les malversations d'un entourage ministériel assez largement composé d'anciens *moudjahidin*, sans jamais mentionner le fait que les Américains les lui avaient imposés. Bien des soldats américains et d'autres pays de la coalition y laissèrent leur vie, Washington n'ayant pas mesuré combien les combattants de l'Alliance du Nord influençaient le gouvernement, chose inacceptable pour les Pachtounes, majoritaires dans le pays. Washington recréait ainsi un kaléidoscope afghan assez voisin de celui qui avait conduit aux guerres civiles de la décennie précédente et compromettait les chances d'une paix durable en fournissant le combustible de l'insurrection à venir. Si les Américains avaient pressé le roi de remonter sur le trône, la guerre internationale se serait terminée beaucoup plus tôt, et l'Afghanistan aurait eu de bien meilleures chances de retrouver le chemin de la réconciliation nationale.

Après mon retour de Rome, ma soudaine inactivité commença à se mêler de perplexité car on ne me proposait aucun poste, et certains collègues, en particulier à la direction d'Asie, s'indignaient du silence de l'administration à mon endroit. Ceux qui, pendant mes années d'Afghanistan, avaient lu en détail l'intégralité de mes télégrammes ne comprenaient pas plus que moi ce qui m'arrivait. Il y eut un silence de 9 mois, jusqu'à ce qu'on me propose de prendre la sous-direction du Pacifique Sud-Océanie, poste que j'acceptai de guerre lasse en dépit de ma méconnaissance de cette région, pour laquelle je n'avais pas d'appétence. Après avoir été un acteur clé dans la résolution de la crise afghane, je craignais de m'ennuyer à mourir à ce poste sans grand relief, et ce fut le cas en effet, mais je parvins toutefois assez vite à vaincre ma morosité en convainquant l'Élysée d'organiser un sommet des chefs d'État de la région en Polynésie, idée qui fut agréée par le président Chirac.

C'est à cette époque où je rongeais encore mon frein que j'appris ce qui s'était passé après la fin de ma mission en Afghanistan. Cette mise à l'écart, qu'aucune autorité n'avait d'ailleurs ainsi qualifiée, avait été en grande partie inspirée par un certain « philosophe engagé », toujours prompt à prétendre régler les grandes affaires du monde, qui s'était mis en tête de décider de ce qu'il fallait faire en Afghanistan. Bernard-Henri Lévy était ainsi parvenu à se faire confier par le gouvernement le soin d'un rapport sur l'Afghanistan, pays qu'il ne connaît que très superficiellement. Il entreprit un petit voyage, compliqué comme on l'a vu, dans la vallée du Panchir, et voilà qu'il se définit comme l'ami de Massoud, qu'il connaissait à peine. Voilà aussi qu'il s'arrogea l'autorité de donner des leçons de conduite politique sur cet Orient compliqué dont il croyait avoir tout compris en un tournemain. Plus surprenant encore, voilà qu'on le prit au sérieux aux plus hauts degrés de l'État. Massoud s'étant plaint auprès de lui de ce que le chargé d'affaires de France aurait « une faiblesse coupable pour les talibans », et il avait pris cette assertion pour argent comptant sans « vérifier ses sources », comme l'aurait fait n'importe quel apprenti journaliste, et surtout sans prendre la peine de me demander ce que je pensais de tout cela. Pire encore, il endossa ces propos auprès des plus hautes sphères de l'État, répandant partout la légende de ma prétendue complaisance envers les talibans.

Point d'orgue : l'investiture d'Hamid Karzaï

En 2003, on finit par me proposer le poste de consul général à Karachi. Il n'y avait pas de section consulaire, la circonscription n'étant pas de celles qui attirent des foules de retraités ou d'entrepreneurs. En réalité, il n'y avait strictement rien à faire. J'aurais pu me consacrer exclusivement aux affaires politiques, et ce fut en effet une partie de mon activité, mais je me refusais à rédiger des télégrammes qui auraient par trop contrarié le tropisme pakistanais que le lobby militaro-industriel français imposait encore dans les hautes sphères de l'État: je connaissais trop bien le Pakistan, et savais précisément à quoi m'en tenir sur les mensonges d'État de ce pays. Il était facile depuis Karachi, qui est la vraie capitale du Pakistan car c'est là où se trouvent l'essentiel du tissu économique, les centres de décision, la banque et la presse, de percevoir ce qu'il en était réellement. Je préférai m'en tenir activement à des activités de représentation, faisant du consulat général, comme je l'avais fait ailleurs, un espace de rencontres particulièrement dynamique.

C'est dans ce cadre d'une vie mondaine dans cette ville de dix-huit millions d'habitants, dont les conditions de vie infernales sont heureusement compensées par la présence d'une élite économique et intellectuelle, que je reçus en décembre 2004, par le truchement de notre ambassadeur en Afghanistan, une invitation d'Hamid Karzaï à me rendre à Kaboul pour participer à la cérémonie de son investiture. Des élections avaient pu être organisées tant bien que mal, et Hamid Karzaï passait ainsi de président intérimaire installé par les Américains en décembre 2001 au statut plus enviable de président démocratiquement élu par le peuple afghan.

Reçu à Kaboul chez l'ambassadeur Guinhut, je retrouvai une ambassade changée, mais en mieux. Le service de décoration était passé, mais n'avait pas fait de dégâts; touche familière, on avait gardé le divan que j'avais si outrageusement traité, et aussi deux piliers nouristanis en bois, sculptés de divinités païennes, que j'avais déposés à l'ambassade avant de la quitter lors de mon premier séjour, vingt ans plus tôt. Il devait désormais rester bien peu de témoignages de cet art tribal de cette région de l'Est où le paganisme avait survécu jusqu'à l'aube du XXe siècle, les talibans ayant détruit allègrement par le feu tous les vestiges de cette culture sur lesquels ils avaient pu mettre la main.

Le lieu était devenu vivable, et j'étais ravi de cette renaissance, d'autant que Jean-Pierre Guinhut était l'un des meilleurs spécialistes que nous ayons eus dans le monde musulman; chacun de ces instants de retrouvailles, avec lui comme avec ces lieux familiers, fut donc à la fois instructif et plaisant. La seule différence, c'était l'atmosphère pesante et omniprésente de sécurité qui marquait le pays depuis l'irruption des forces de l'OTAN, en ville, mais aussi à l'ambassade.

La cérémonie d'investiture du président de la République se déroula à l'intérieur de l'ancien palais royal et présidentiel que les talibans avaient occupé pendant cinq longues années, dans un grand pavillon où vingt-cinq ans plus tôt, à l'époque du régime communiste, j'avais subi l'épreuve d'une conférence de presse. Sur un ton digne des grands procès staliniens, on y avait accusé les puissances occidentales de tous les péchés de Jérusalem, tant et si bien que tous les diplomates européens étaient ostensiblement sortis de la conférence. C'était là une belle occasion de mesurer le chemin parcouru depuis lors par le pays, qui retrouvait enfin, dans ce même lieu dont j'avais gardé la sinistre mémoire, les conditions d'un ordre politique riche d'incertaines promesses.

Plus d'une centaine d'invités étaient venus du monde entier, les puissances de l'OTAN étant particulièrement bien représentées. On m'avait assigné une place très avantageuse, au deuxième rang. Et quand je gagnai ma place, j'avisai qu'on avait déjà installé sur le fauteuil jouxtant le mien Donald Rumsfeld*. Nous ne nous saluâmes pas. Au bout d'un moment, il me dit sans aménité: « Qui êtes-vous?

— Eh bien, je suis Jean-Yves Berthault. Et vous? »

L'inspirateur en chef des pires aventures militaires du régime Bush n'avait probablement aucune raison de savoir à qui ou à quoi correspondait mon nom, mais je n'étais pas mécontent de cette occasion de répliquer à son arrogance par la mienne: nous étions en plein différend franco-américain sur l'Irak, et j'avais encore du mal, comme tout Français qui se respectait, à pardonner aux Américains d'avoir abusé le monde entier avec l'invention

* Donald Rumsfeld (1932-2021): secrétaire d'État américain à la Défense.

de prétendues armes de destruction massives dont nous savions pertinemment, comme eux, qu'elles n'existaient pas.

Lorsque le discours fut fini, Karzaï descendit de son estrade au milieu des acclamations célébrant la démocratie retrouvée, et je l'entendis distinctement, depuis le deuxième rang, demander à l'un de ses assistants, en persan : « Où est Jean-Yves ? Je sais qu'il est là. »

Je fis des gestes dans sa direction et, de ses deux mains, Karzaï m'aida à franchir le premier rang ; je me retrouvai au milieu d'un cercle où figuraient l'Aga Khan et plusieurs dirigeants occidentaux, lorsque, dans une accolade il s'écria : « Je n'oublierai jamais que c'est grâce à toi si je suis ici aujourd'hui. Je veux te voir au palais, te remercier de vive voix de tout ce que tu as fait pour le pays. Je te ferai savoir quand par ton ambassadeur. Aujourd'hui, c'est un peu compliqué, tu peux l'imaginer ; ce sera plutôt demain. »

« Qui est-ce, qui est-ce ? », demandaient les ministres alentour. Puis la foule des complimenteurs l'emporta.

Le lendemain, me recevant au palais, la première chose qu'il me demanda, sur un ton de reproche, fut : « Mais dis-moi, que fais-tu comme consul général à Karachi ? Ta place est ici, pourquoi n'y es-tu pas ambassadeur ? Ce serait formidable ! L'Afghanistan a toujours besoin de toi. »

Je répondis que s'il le souhaitait, rien n'était plus facile : qu'il le demande au président Chirac, qui n'aurait aucune raison de le lui refuser. J'avais d'autant moins de scrupules à le lui dire que je savais mon ami Guinhut peu désireux de demeurer indéfiniment à Kaboul.

Il demanda qu'on lui passe l'Élysée, mais un de ses conseillers lui dit qu'il vaudrait peut-être mieux faire les choses selon les règles du protocole et reporter cet appel au lendemain. Je n'appris que deux ans plus tard ce qui s'était passé : Karzaï n'avait pas sollicité Jacques Chirac. Les Américano-Afghans dont son entourage était truffé avaient tout fait pour empêcher la nomination d'un ambassadeur de France aussi lié au nouveau chef de l'État, qui connaissait depuis des années les deux tiers des nouveaux ministres, à savoir ceux qui n'étaient pas issus de l'émigration afghane dans les pays occidentaux, et ils l'avaient découragé de mettre son projet à exécution. Curieusement, je ne regrettai pas de n'avoir pas été nommé une fois encore à Kaboul. Je savais combien le choix fait par Washington d'imposer à Karzaï un gouvernement composé en grande partie d'anciens chefs de guerre commençait à avoir pour résultat le retour de la corruption généralisée, et cette sombre perspective me décourageait à l'avance. Si j'étais retourné à Kaboul, mon chemin aurait par ailleurs été semé d'embûches, tant à Paris, où certains milieux influents continuèrent longtemps de me considérer sottement comme pro-talibans, qu'à Kaboul, où les milieux d'anciens *moudjahidin* ne portaient pas nécessairement dans leur cœur celui qui avait œuvré à faire triompher une voie qui ne débouchait pas sur leur pouvoir sans partage.

Avant de terminer l'entretien, Hamid Karzaï me dit que l'Afghanistan ayant une dette de reconnaissance envers moi, il avait demandé au roi Zaher, qui était revenu à Kaboul, où il occupait un bâtiment du Palais, de me recevoir l'après-midi même pour me remettre la plus haute décoration afghane. Lors de cette réception chez l'ancien roi, désormais qualifié de « père de la nation », ce furent des retrouvailles émouvantes. Je me remémorai les propos qu'il m'avait tenus à maintes reprises : que Dieu avait prolongé sa vie pour lui permettre de revenir dans son pays afin d'y mourir et d'y être enterré, et voilà qu'il était exaucé. Un autre étranger recevait au même moment la même médaille, arrivé en même temps que moi à la résidence royale, où nous étions reçus par le docteur Zalmay Rassoul, l'ancien ambassadeur italien di Maio, qui avait quitté son poste d'Islamabad depuis plusieurs années, et que j'avais autrefois convaincu de jouer la carte du roi.

L'ambassadrice d'Italie à Kaboul, qui l'accompagnait, se demandant ce que je pouvais bien faire à cette réception, me dit, comme Donald Rumsfeld : « Mais qui êtes-vous ? » Je lui répondis que, comme l'ambassadeur di Maio, j'avais un peu aidé à l'avènement de la démocratie, et que, comme lui, les Afghans ne m'avaient pas oublié, sans mentionner mon rôle dans la genèse du processus de Rome. Les Italiens avaient l'air surpris et fâchés de devoir partager cette distinction avec moi. Lors d'un déjeuner par une belle journée d'été romain sur une terrasse de la Piazza Navona, Hamid Karzaï, le prince Mustapha et le docteur Zalmay Rassoul m'avaient dit : « Si nous parvenons un jour au pouvoir, nous débaptiserons la rue de votre ambassade pour qu'elle porte votre nom. »

Cette promesse fut oubliée, mais ma décoration afghane, de surcroît remise par le roi Zaher, était bien suffisante. La presse écrite de Kaboul avait publié la photo de ma remise de décoration en première page, juste après celle de l'investiture présidentielle. Ce qui me peina en revanche, c'est de n'avoir jamais eu de nouvelles depuis lors d'Hamid Karzaï, qui jusqu'à son élection au suffrage populaire, m'avait appelé plusieurs années de suite pour me souhaiter un joyeux Noël. Son pays restait bien troublé, et il avait d'autres chats à fouetter.

Mon rôle dans la résolution de la crise afghane était passé inaperçu, il s'était effectué dans l'ombre, et je ne voyais pas de raison de faire valoir ma contribution au retour d'un système plus démocratique dans ce pays, imaginant à tort qu'elle finirait nécessairement par être reconnue d'elle-même. Fonctionnaire atypique et fort peu courtisan, je suis toujours resté en accord avec mes principes, cherchant à préserver autant que possible une certaine liberté et une capacité d'initiative à l'intérieur du carcan de l'administration. Un livre de 900 pages, *La Guerre de l'ombre des Français en Afghanistan*, de Jean-Christophe Notin* m'a néanmoins fait justice dix ans plus tard, en balayant en particulier les fantaisistes accusations selon lesquelles j'aurais été « acquis aux talibans », qui m'irritaient alors, et qui aujourd'hui, avec le recul, ont presque fini par me divertir.

* *La Guerre de l'ombre des Français en Afghanistan : 1979-2011*, Fayard, 2011.

Postface
Et maintenant ?

Les mêmes causes produisent les mêmes effets

Les talibans avaient surgi d'un pays au kaléidoscope pulvérisé par les effets d'une intervention étrangère, celle de l'armée Rouge. Dans de telles conditions, un pays marqué par le tribalisme ne parvient à un équilibre précaire qu'après des décennies de recomposition progressive. Il lui faut alors un pouvoir central capable, à grands coups de répression et de prébendes, d'immobiliser et de neutraliser les forces centrifuges qui pourraient désagréger ou menacer sa fragile unité. Et après une seconde intervention étrangère, celle de la coalition *Enduring Freedom* suivie de *Resolute Support,* force est de reconnaître que l'équilibre péniblement restauré en Afghanistan au lendemain du 11 Septembre reste bien fragile. Il serait naïf d'espérer que les talibans, devenus partie intégrante de la réalité politique du pays, ne constitueront pas un élément clé de toute solution future ; tous les observateurs avisés s'accordent aujourd'hui à le reconnaître, et c'est avec les éléments modérés qui en composent la grande majorité qu'il faudra le faire.

Car prétendre éradiquer l'hydre est une ambition à la seule mesure des mythes, qui nous instruisent que leurs têtes repoussent au fur et à mesure qu'on les tranche.

Daech est également le fruit d'une invasion étrangère, celle des États-Unis en Irak, aventure absurde et criminelle, sans autre justification qu'une volonté de prise de contrôle, sur de fallacieux prétextes. Washington est deux fois coupable dans cette affaire irakienne, et de façon symétrique à la culpabilité de Moscou dans le dossier afghan : pour être intervenu par une invasion illégitime, contre un gouvernement certes illégitime lui aussi, sans s'être préoccupé de « l'après ». Et de s'être retiré militairement dès qu'il lui fut apparu que son maintien n'était plus tenable, en laissant le chaos succéder à la main de fer de Saddam Hussein qui tenait le pays. Il apparaît aussi à l'évidence que l'intervention en Libye, largement conduite par la France et abandonnée ensuite par le président Hollande sans planification de l'après-Khadafi, a produit des résultats non moins contestables, en jetant aux orties, avec le dictateur, un équilibre ethnique fragile et précaire.

L'idéologie de Daech est très voisine de celle de ses précurseurs afghano-pakistanais : la plupart de ses partisans se réclament de l'islam salafiste, alors que les talibans avaient fondé leur doctrine sur les enseignements de l'école deobandie, proche de la doctrine wahhabite qui est celle d'al-Qaïda. La différence en termes théologiques est ténue, et le propos n'est pas ici d'en démêler les arcanes, objet de publications et d'exégèses savantes. Les deux mouvements sont résolus à se conformer à l'islam des origines, débarrassé de toutes les influences dont il aurait pu se trouver « contaminé » au cours des siècles. Ni l'un ni l'autre ne réserve de place au chiisme et à ses dérivés ou avatars (azéris, alaouites, ismaéliens...), mis dans le même sac que les « infidèles ». Cette hostilité puise sa force dans les sourates et autres éléments de la *sunna* les moins ouverts à l'esprit de tolérance et à la reconnaissance du substrat judéo-chrétien sur lequel s'était pourtant fondé l'islam originel. Cette lecture étriquée et réductrice du Coran est due au fait qu'il ait été écrit dans un arabe du haut Moyen Âge, auquel la plupart des musulmans n'ont pas un plein accès. Ils n'ont donc pas d'autre choix, dans leur recherche de compréhension et d'interprétation, que de s'aligner sur leurs mollahs, dont la plupart sont eux-mêmes peu éclairés sur les vrais enseignements de l'islam, et ne s'autorisent que très rarement la moindre capacité interprétative, le peu qu'on leur a appris dans leurs écoles coraniques étant précisément qu'il n'y avait rien à interpréter. Et force est de constater que sur le chapitre de la cohabitation de l'islam avec les autres religions, les sourates du Coran, rédigé dans une langue magnifique, à la fois épique, allégorique et savante, peuvent conduire à des interprétations fort divergentes.

Mes nombreuses visites d'établissements coraniques, de la Syrie au Pakistan, m'ont permis de constater que l'essentiel de l'activité scolastique consistait à apprendre par cœur et à rabâcher, jamais à s'interroger. Le concept d'*ijtihad**, qui pourrait sauver l'islam des chausse-trappes interprétatives qui le menacent, est d'ailleurs rejeté avec la plus grande violence par les tenants de ces doctrines ressurgies du fin fond des âges archaïques.

L'idéologie des talibans diffère toutefois singulièrement de celle de Daech en ce qui concerne le concept de guerre sainte. Ce thème n'est pas central chez les premiers, en dépit de la faiblesse coupable du mollah Omar à l'endroit de Ben Laden et de son idéologie expansionniste, qui a pu accréditer le contraire. Cela tient sans doute en partie au fait que les talibans, malgré leurs origines en partie pakistanaises, sont essentiellement un phénomène afghan, et que comme tous les Afghans, ils sont avant tout des nationalistes enragés. Lors de mes conversations avec eux d'ailleurs, aucun n'avait jamais mis en avant l'impératif de guerre sainte. De fait, les Afghans sont dépourvus de visées sur les terres des « infidèles », pour la simple raison que l'Afghanistan n'a jamais été colonisé, malgré les trois tentatives de l'Empire britannique, jusqu'en 1919, de s'emparer du pays, malgré aussi l'infructueuse

* *Ijtihad*: effort de réflexion des oulémas ou muftis et des musulmans pour interpréter les textes fondateurs de l'islam et en déduire le droit musulman.

aventure soviétique, et que leur inconscient collectif n'est pas obsédé par une revanche historique à prendre sur les chrétiens et les juifs (obsession si prégnante du Maghreb au Machrek*).

Le terrain d'expérimentation syro-irakien a montré que les deux groupes étaient hostiles : le Front al-Nosra, inféodé à al-Qaïda, à l'idéologie voisine de celle des talebs, n'est pas moins l'ennemi de Daech que celui du régime Assad, et les combattants européens qui ont été tués en Syrie dans les rangs de Daech l'ont plus été par al-Nosra que par l'armée du régime Assad. Mais ces frères ennemis ne s'en réfèrent pas moins à une mouvance dogmatique très proche, de la même façon que l'on ne saurait conclure de l'affrontement entre montagnards et girondins que les uns étaient partisans de la révolution et les autres non. Leurs divergences actuelles se fondent en fait sur un phénomène bien classique dans toute situation révolutionnaire : la lutte pour le pouvoir. Pour se persuader de la parenté entre les deux mouvements, il suffit de rappeler que le Jordanien Abou Moussab Al-Zarqaoui (1966-2006), de retour en Irak en 2003 après son *djihad* afghan, avait d'abord proclamé son rattachement à al-Qaïda avant de s'en désolidariser et de fonder son propre mouvement.

Cela revient-il à oser supposer que Daech pourrait, à l'instar des talibans, comporter des éléments « récupérables » ? Le problème se pose en des termes différents, car l'État islamique, avant tout soucieux de fonder un empire par des conquêtes, ne s'est guère montré avide de reconnaissance internationale comme pouvait l'être le régime de Kaboul, et l'Occident, désireux de mettre à bas la clique d'Assad, s'est laissé aveugler par ses velléités en estimant au début de l'Émirat islamique que ses combattants pourraient provisoirement fournir des alliés opportuns et qu'il serait bien temps de les réduire plus tard. Chemin faisant ils se sont emparés de régions entières, avec des pans d'économie qui ont conféré à leur mouvement les apparences trompeuses et les moyens financiers d'un État véritable. Impardonnable manque

* Machrek : l'Orient arabe.

de vision de la part des pays occidentaux, ainsi que de ceux de la région, au premier rang desquels la Turquie, membre de l'OTAN, et qui, pays musulman, ne saurait prétendre ignorer les dangers idéologiques et politiques à venir.

Si Daech s'est montré nettement plus implacable et cruel que les talibans, et si ses crimes et ses exactions font rétrospectivement paraître ceux de l'Émirat islamique d'Afghanistan comme des errements adolescents, cela ne signifie nullement que tous les membres de Daech soient assoiffés de sang ; le retour de Syrie de certains « Européens » déçus par leur expérience et par l'horrible réalité du terrain permet de le penser, et il est vraisemblable que la majorité silencieuse des suiveurs pourrait, le moment venu, être tentée de suivre un mouvement réformé, sans doute tout aussi rigoriste mais débarrassé de ses éléments les plus fanatisés.

Il reste donc possible d'envisager à terme une recomposition de l'équation moyen-orientale sur la base de l'intégration et de la récupération des éléments islamistes les moins radicaux car il serait illusoire de croire que le phénomène de l'islamisme puisse être annihilé ou s'éteindre de lui-même. Les Américains se sont résignés à abandonner l'Afghanistan avec l'espoir de voir émerger les seuls « talibans modérés ». C'est d'ailleurs l'arrière-pensée qui, à tort ou à raison, paraît les envisager comme un contrepoids à l'influence grandissante d'une nouvelle menace en Asie centrale et du Sud : celle de « l'État islamique dans le Khorasan » ou ISKP, proche de Daech, qui nie les frontières, fort artificielles il est vrai, de l'Afghanistan et du Pakistan et présente donc une nouvelle menace de déstabilisation pour toute la région.

Le vin est tiré, il faut le boire.

Table

Avant-Propos 9

1. 1979-1981 29

2. Janvier-décembre 1997 57

3. 1998-1999 85

4. 1999-2001 121

5. Le 11 Septembre et ses suites 173

Postface – Et maintenant ? 185

Chez le même éditeur

Les Crimes de Monsieur Kissinger – Christopher HITCHENS (2001).
La Vie rêvée des maths – David BERLINSKI (2001).
Ces comédiens qui nous gouvernent – Arthur MILLER (2002).
Lettres à un jeune rebelle – Christopher HITCHENS (2002).
Le Djihad américain – Lewis LAPHAM (2002).
Lettres de France, après le 11 septembre – Jean DANIEL (2002).
Dans l'œil du compas – Leonard MLODINOW (2002).
Le Vrai Saddam Hussein – Saïd K. ABURISH (2003).
Notre route commence à Bagdad, par les faucons de la Maison-Blanche – Lawrence F. KAPLAN et William KRISTOL (2003).
Les Anglais, portrait d'un peuple – Jeremy PAXMAN (2003).
Yasser Arafat – Saïd K. ABURISH (2003).
Jean Daniel, observateur du siècle – collectif (2003).
30 jours au cœur du système Blair, Downing Street en guerre – Peter STOTHARD (2003).
L'Europe en otage? Histoire secrète de la Convention – Alain DAUVERGNE (2004).
Que sont les grands hommes devenus? – Jacques JULLIARD (2004).
L'Amérique bâillonnée – Lewis LAPHAM (2004).
Le Roman noir de la Maison-Blanche. Les révélations de Paul O'Neill, ex-secrétaire au Trésor – Ron SUSKIND (2004).
Le Clan Aburish, une saga palestinienne – Saïd K. ABURISH (2004).
Comment l'Europe va sauver l'Amérique – Charles A. KUPCHAN (2004).
Comment peut-on être américain? – Henry Louis MENCKEN (2004).
L'Autre Islam. Au cœur de l'univers chiite – Lilli GRUBER (2005).
Le Vice au pouvoir. La biographie de Dick Cheney – John NICHOLS (2005).

Maudits Français! Trois siècles de relations tumultueuses entre la France et l'Amérique
– John J. MILLER et Mark MOLESKY (2005).
La Dynamique du Japon. Histoire de la première modernité d'Asie
– collectif dirigé par Jean-François SABOURET (2005).
Ils racontent la mondialisation. De Sénèque à Lévi-Strauss
– anthologie par Laurent FERRI (2005).
Mr China. Comment perdre 450 millions de dollars après avoir fait fortune à Wall Street
– Tim CLISSOLD (2006).
Psychanalyse de l'antilibéralisme. Les Français ont-ils raison d'avoir peur?
– dirigé par Christian STOFFAËS (2006).
À la Maison de verre. L'ONU et ses secrétaires généraux
– dirigé par Romuald SCIORA, préface de Jacques CHIRAC (2006).
La Terre est plate. Une brève histoire du XXIe siècle
– Thomas FRIEDMAN (2006).
Le Grand Désastre mondial – George SOROS (2006).
Une brève histoire des maths – David BERLINSKI (2007).
L'Europe tragique et magnifique. Les grands enjeux européens
– Jacques DELORS et Notre Europe (2007).
Kidnappés par la CIA. Les charters de la torture
– Trevor PAGLEN et A.C. THOMPSON (2007).
Nous les Allemands. Vous pouvez nous aimer
– Matthias MATUSSEK (2007).
La Vie des autres. Le film qu'il faut lire
– Florian HENCKEL VON DONNERSMARCK (2007).
Nous et le reste du monde – Claude REVEL (2007).
Poutine – Le Parrain de toutes les Russies
– Jean-Michel CARRÉ (2008).
Origines – L'esprit, la vie, la matière – David BERLINSKI (2008).
France-Europe – Le Bal des hypocrites – Thierry CHOPIN (2008).
Le Second Rebond de la balle. Transformez vos risques en opportunités
– Ronald COHEN (2008).
La Terre à l'envers: trop plate, trop chaude, trop de monde
– Thomas FRIEDMAN (2009).
L'Art d'être infidèle – Paris – New York – Tokyo – Moscou
– Pamela DRUCKERMAN (2009).

Petits secrets et grandes intrigues. Complots, mensonges et trahisons à la Commission européenne – Derk-Jan Eppink (2009).
Dieu n'est pas mort. La science n'explique pas tout – David Berlinski (2009).
L'Empire américain. L'heure du partage – Fareed Zakaria (2009).
L'Irrésistible Ascension de l'argent. De Babylone à Wall Street – Niall Ferguson (2009).
Les Américains à Paris. Vie et mort sous l'Occupation nazie 1940-1944 – Charles Glass (2010).
La Twittérature. Les chefs-d'œuvre de la littérature revus par la génération Twitter – Emmett Rensin et Alexander Aciman (2010).
Ces hommes qui ont fait l'Amérique – Felix Rohatyn (2010).
2012. La fin du Monde n'aura pas lieu. La prophétie maya réfutée par la science – Alain Cirou (2010).
Éloge de l'optimisme. Quand les enthousiastes font bouger le monde – Philippe Gabilliet (2010).
Les 25 Empires du désert. Une histoire du Proche et Moyen-Orient – Pierre Moussa (2011).
La Race des purs. Comment les Nord-Coréens se voient – Brian R. Myers (2011).
Mr China. Comment perdre 450 millions de dollars à Pékin après avoir fait fortune à Wall Street – Tim Clissold (nouvelle édition, 2011).
Un banquier dans le siècle. L'homme qui a sauvé New York de la faillite – Felix Rohatyn (2011).
Peut mieux faire! Pour un renouveau des politiques de l'éducation – Michel Dollé (2012).
La Mer à l'aube. Les dernières heures de Guy Môquet – Volker Schloendorff (mars 2012).
10 conseils utiles aux futurs dictateurs. Bien choisir sa femme, ses amis, ses ennemis… – Bénédicte Lapeyre (2012).
Éloge de la chance, ou l'art de prendre sa vie en main – Philippe Gabilliet (2012).

Obama la vérité. Dans les coulisses de la Maison-Blanche
– Ron Suskind (2012).
Le Début de l'histoire – Francis Fukuyama (2012).
Back in the USA. Quand l'Amérique se réinvente
– Thomas L. Friedman et Michael Mandelbaum (2012).
Économie zombie. Pourquoi les mauvaises idées ont la vie dure
– John Quiggin (2013).
Le Grand Roman de notre histoire. 2000 ans de guerres et de passions – José Enrique Ruiz-Domènec (2013).
Le Pouvoir des habitudes. Changer un rien pour tout changer
– Charles Duhigg (2013).
Les Crimes cachés des présidents. Une autre histoire de l'Amérique
– Oliver Stone et Peter Kuznick (2014).
Éloge des esprits libres. De Lao-tseu à Nietzsche
– Marc Halévy (2014).
Il n'y a pas que l'euro. Démocratie, travail, égalité
– Massimo D'Alema (2014).
Civilisations. L'Occident et le reste du monde
– Niall Ferguson (2014).
La Tragédie de l'Union européenne. Désintégration ou renaissance ?
– George Soros (2014).
L'Attrape chance. Récit – Dominique Eudes (2014).
Le Paradoxe du poisson rouge. Une voie chinoise pour réussir
– Hesna Cailliau (2015).
50 bonnes raisons de choisir l'optimisme
– Thierry Saussez (mars 2015).
Rien n'est vrai, tout est possible. Aventures dans la Russie d'aujourd'hui
– Peter Pomerantsev (2015)
Éloge de l'audace et de la vie romanesque
– Philippe Gabilliet (2015).
Main basse sur le Kazakhstan – Marc Ruscart (2016).
Éloge de la métamorphose. En marche pour une nouvelle humanité
– Alain de Vulpian avec Irène Dupoux-Couturier (2016).
Une vie animée. Le destin inouï d'un enfant autiste
– Ron Suskind (2017).

Merci d'être en retard. Survivre dans le monde de demain
– Thomas Friedman (2017).
L'Homme qui a vendu son nom – Barbary (2017).
À l'ombre de l'épée. Naissance de l'islam et grandeur de l'empire arabe – Tom Holland (2017).
Les Vertus de l'inégalité – Marc De Vos (2017).
Le Temps des fous. Quand l'Amérique abandonne sa démocratie
– Lewis Lapham (2018).
L'Art de changer de vie en 5 leçons – Philippe Gabilliet (2018).
Éloge des vertus – Jean-Yves Boulic (2018).
Les Grands Entretiens de l'Histoire
– Jean-Marc Sylvestre (2018).
J'ai décidé d'être là. Comment être présent à l'ère du digital
– Aurélie Sirdey (2018)
Obama Confidentiel. 10 ans dans l'ombre du Président
– Ben Rhodes (2019).
L'Ami indésirable. La fin d'une histoire ? – Georg Blume (2019).
Tyrans. Shakespeare raconte le XXIe siècle
– Stephen Greenblatt (2019).
L'Œuvre sans auteur.
Le destin tragique d'une famille allemande
– Florian Henckel von Donnersmarck (2019).
Les Bâtisseurs du futur. Le monde que vous attendez est déjà là
– Hesna Cailliau (2019).
Dans la tête d'Orwell. La vérité sur l'auteur de 1984
– Christopher Hitchens (2019).
Les Chrétiens. Comment ils ont changé le monde
– Tom Holland (2019).
100 ans. Le bonheur d'être centenaire
– Lynda Gratton et Andrew Scott (2020).
Les Robots, les hommes et la paix
– Timo Honkela (2020).
Fantaisies quantiques. Dans les coulisses des inventions du XXe siècle
– Catherine d'Oultremont et Marina Solvay 2020).
La Cible – Sandro Gozi (2020).

Opération Condor. Un homme face à la terreur en Amérique latine
– Pablo Daniel MAGEE (2020).
La Fin des manipulateurs. Comment mettre au pas
les géants de la Silicon Valley
– Pierre POZZI BELFORTI Pierre-Henri THOMAS (2020).
Retour vers le futur. 10 leçons pour demain
– Fareed ZAKARIA (janvier 2021).
Impact. Quand l'argent a du cœur – Ronald COHEN (mars 2021).
Le jour où la Chine va gagner. La fin de la suprématie américaine
– Kishore MAHBUBANI (mars 2021).

Achevé d'imprimer sur les presses
de l'imprimerie CPI Firmin-Didot
à Mesnil sur l'Estrée
pour le compte des
éditions Saint-Simon
en septembre 2021

N° d'impression : 166215
Dépôt légal : septembre 2021
ISBN : 9782374350325